청소년이 꼭 알아야 할

메타버스 이야기

청소년이 꼭 알아야 할
메타버스 이야기

META
VERSE

메타버스는 미래를 어떻게 변화시킬까?

이종호 · 조성호 지음

북카라반
CARAVAN

프롤로그

대체로 10년마다 새로운 기술 패러다임이 이전의 패러다임을 대체하고 완전히 다른 사회 혁신과 진보를 이끈다. 지구인들이 2000년부터 2010년까지 PC 인터넷의 물결에 휩싸이더니, 2010년부터 2020년까지 모바일 인터넷이 순식간에 전 세계를 장악했다. 2020년부터 코로나19 팬데믹이 지구를 강타하더니 또 다른 혁명적인 기술, 즉 가상현실Virtual Reality, VR, 인공지능Artificial Intelligence, AI, 증강현실Augmented Reality, AR, 블록체인block chain, 암호화폐를 포함한 다양한 기술이 등장했다. 사용자가 상상 속으로 뛰어들거나 몰입형 경험을 느낄 수 있는 메타버스metaverse이다.

2023년 9월 26일 건군 75주년 국군의 날을 기념한 시가행진에서 수많은 한국의 첨단장비가 공개되었다. 특히 증강현실로 정조대왕함이 등장해 세계를 놀라게 했다. 아쉽게도 크기가 불

규칙하게 바뀌거나 눈에 띄게 작아지는 모습이 일부 방송사를 통해 생중계되며 그래픽 '품질 논란'이 일기도 했다. 하지만 한국이 총력을 기울인 기념행사에서 증강현실이 전면에 나타났다는 것은 그만큼 현대 과학기술의 첨병으로 등장했다는 것을 의미한다.

학자들은 메타버스가 4차 산업혁명의 중심이 되리라고 전망한다. 메타버스가 우리의 이상과 꿈을 반영해주기 때문일 것이다. 메타버스는 정보기술의 획기적인 발전에 따라 등장했으며 이미 도서관, 영화, 학교, 회의장, 주식시장 등 사회의 많은 부분이 우리가 현실 세계에서 물리적으로 행하는 수많은 행위를 가상 공간으로 옮겨 활용하고 있다. 이렇듯 가상 세계의 사이버 공간은 과거와 같이 세계를 바꿀 만한 폭발력을 지녔다.

기회가 닿아 과학기술정보통신부 산하 한국과학창의재단이 주관하는 '드림톡 콘서트' 프로그램의 임순영 박사와 전국과학교사연구회에 속해 있는 고등학교 과학 교사들을 만났다. 그들의 대화 주제는 요즘 매스컴에서 연일 다루고 있는 4차 산업혁명의 과거와 현재, 미래에 대한 것이었다. 교사들은 수업에서 학생들이 4차 산업혁명 등 지금의 화두에 관해 질문을 많이 하는데 답변하기가 생각보다 쉽지 않다고 지적했다.

우리는 일단 학생들을 대상으로 4차 산업혁명의 무엇이 궁금한지를 파악한 뒤 이에 대한 답을 생각해보는 것이 좋겠다고 의견을 모았다. 그 후 교사들이 학생들에게 과학 분야의 궁금증을 수집했는데, 응답자 200여 명 가운데 상당수가 메타버스에 관한 질문을 던졌다.

문제는 이들 질문에 대한 답을 어떻게 정리하느냐였다. 논의 끝에 질문지의 질문 문항을 그대로 살려 답을 만들어보자고 결론이 났다. 4차 산업혁명이라는 기차가 이미 출발했으므로 이중 큰 분야를 차지하는 메타버스 세상에 슬기롭게 대처하려면 메타버스의 핵심 요소들을 정확하게 이해하는 것이 중요하기 때문이다.

이 책은 학생들이 궁금해했던 질문지의 내용을 그대로 살려서 정리했다. 다만 학생들이 제시한 질문에만 맞춰 설명하다 보면 메타버스를 큰 틀에서 설명하는 데 다소의 어려움이 생긴다. 학생들이 궁금해하는 사항이 너무나 광범위하고 난해하기 때문이다. 달리 보면 이는 학생들이 메타버스에 대한 모든 의문을 알고 싶다는 것과 다름없다. 더불어 질문 자체가 유사한 내용을 포함하고 있어 설명이 중복되는 부분도 꽤 있다. 질문을 풀어가는 데 여러 번 유사한 내용이 나오더라도 이해해주길 바란다.

이 책에서 다루는 내용은 학생과 교사, 학부모들이 가장 알고자 하는 질문이라 볼 수 있다. 이 질문들을 모든 사람이 공유하자는 것이 이 책을 준비하는 기본이므로 가능한 한 모든 사람, 즉 초중고등 학생을 비롯해 청장년, 학부모, 노년층도 쉽게 이해하도록 설명하는 데 주력했다.

학생들의 질문은 크게 스물다섯 가지인데, 이를 다섯 개 테마로 나누어 풀어간다. 우선 메타버스가 무엇인가를 1부에 할애했다. 4차 산업혁명의 기차가 출발한 시점에 메타버스가 어떻게 등장했는지에 대한 의문은 물론이고, 메타버스의 포괄적인 개요를 설명한다. 2부에서는 메타버스의 기술적 개요를 설명한다. 3부에서는 메타버스의 영향과 메타버스로 무엇을 할 수 있는가를 설명했다.

4부에서는 메타버스가 만드는 미래를 그렸다. 사실 제4차 산업혁명 시대에 사는 우리가 가장 궁금해하는 부분인데, 메타버스가 미래에 어떤 방식으로 실생활에 접목되며 세상을 어떻게 변화시키는가에 초점을 맞췄다. 이는 나의 미래, 즉 일자리와도 관련이 있는데, 메타버스가 활발히 적용될 산업과의 연계를 다룬다. 한편으로는 인공지능이 들어가는 메타버스로 가상현실과 실제의 경계가 무너지는 것은 아니냐는 우려가 제기되었으며, 가상현실이 동물 학대 방지에 도움이 되느냐는 흥미로운 질문도 있다.

첨단 문명의 이기가 새롭게 등장할 때마다 이것이 인간에게 유용하고 광범위하게 적용된다면 인간의 속성상 악용될 수도 있다는 우려가 늘 따른다. 4차 산업혁명 시대로 들어와 디지털 공간이 우리 사회의 문화 전체를 담아내는 그릇이나 표출하는 공간으로 그 영역을 넓혀가면서 가속화되는 메타버스도 예외는 아니다. 달리 보면 메타버스가 해결할 문제가 한두 개가 아니라는 뜻이다. 그러나 인간의 특성은 바로 이런 문제점들을 슬기롭게 해결하면서 새로운 길을 만들어가는 데 있다.

마지막으로 5부에서는 메타버스가 해결할 문제를 설명한다.

이 책은 질문지 주제를 최대한 이해하기 쉽도록 풀어내려고 노력했지만 다소 어려운 전문 지식도 포함돼 있다. 모쪼록 독자들에게 유익한 내용이 되기를 바란다.

이 책이 나오기까지 도움을 준 분이 많다. 출판사 여러분, 임순영 박사, 선한길 교수, 육정권 원장, (사)한국미래과학진흥원 황재민 원장과 국가직무능력개발원 방일권 대표의 성원과 배려에 깊은 감사를 드린다.

이종호·조성호

차례

1부

메타버스 하나, 둘, 셋

메타버스는 가상현실, 증강현실, 혼합현실의 발전과 더불어 플랫폼의 급속한 성장을 연계한 인터넷의 총합을 이른다. 가상으로 증강된 물리적 현실과 증강현실을 인터넷으로 구상할 수 있다는 것이다. 이 말은 디지털 기반으로 현실과 가상이 상호 연결되어 초월적 경험이 가능해진다는 것으로도 이해된다. 그런데 현재 메타버스가 급속도로 성장하자 메타버스를 두고 두 가지 이견이 대두된다.

첫째는 메타버스가 우리 모두에 연계되는 혁명적인 발전인가라는 질문이고, 둘째는 단순히 기존 기술을 새로운 포괄 개념으로 재포장한 최신 마케팅 용어가 아닌가이다. 이처럼 완전히 양분된 질문이 제기되는 것은 그만큼 메타버스를 명쾌하게 설명하는 데 여러 걸림돌이 있음을 뜻한다. 하지만 바로 이런 질문이야말로 메타버스를 알아가는 핵심 요소라고 볼 수 있다. 이들 질문을 통해 이제 메타버스의 하나, 둘, 셋을 알아본다.

1장

메타버스란

무엇일까?

얼마 전까지만 해도 메타버스라는 용어가 생소해 많은 사람이 이를 궁금해했다. 그런데 메타버스의 의미에 대해 보편적으로 인정하는 정의는 없다. 달리 말하면 메타버스를 설명하는 여러 버전이 있다는 것이다. 먼저 중국 빅데이터산업연맹의 자오궈둥 박사의 설명부터 살펴보자.

> "메타버스는 현실 세계에 평행하면서도 독립적인 가상 세계로, 현실 세계를 투영한 온라인 가상 세계이자 점점 진실해지는 디지털 가상 세계이다."[1]

한국의 최재붕 교수는 2022년 9월 메타버스가 등장한 배경을 다음과 같이 썼다.

"코로나가 세계를 마비시킨 지 어느덧 2년 반이 훌쩍 지났다. 바이러스 감염이 두려웠던 인류는 디지털 전환의 속도를 10배 이상 올렸고, 심지어 재택교육·재택근무까지 강제로 경험하게 되었다. 그런데 디지털 신세계를 경험한 인류가 변화하기 시작했다. 대학생의 70퍼센트 이상이 비대면 교육이 필요하다고 응답하고 근로자의 99퍼센트가 재택근무는 이제 필수라고 외치는 세상이 되었다. 새로운 세계를 경험한 인류가 디지털에 기반한 새로운 라이프 스타일을 표준으로 바꿔가고 있는 것이다. 그래서 우리는 코로나 이후 시대를 새로운 표준 사회, 뉴노멀New Normal이라고 부른다. 특히 디지털에 능숙한 MZ세대는 메타버스Metaverse라는 새로운 세계까지 창조 중이다."[2]

메타버스라는 말이 최근 들어 세상을 휩쓸고 있지만, 처음 등장한 것은 30여 년 전이다. 메타버스는 1992년 닐 스티븐슨의 사이언스 픽션Science Fiction, SF 소설 『스노 크래시Snow Crash』에 나오는 가상 세계의 이름이다.[3] 메타버스는 가상, 초월을 의미하는 메타Meta와 현실 세계를 의미하는 유니버스universe를 합친 말이다.

스티븐슨은 소설에서 메타버스를 고글을 통해 컴퓨터로 표현되는 세계이자 가상의 장소라고 규정했다. 그리고 메타버스에 들어온 사람들이 아바타를 통해 서로 소통한다고 했다.[4] 학자들이 『스노 크래시』에 큰 점수를 주는 것은 메타버스를 비롯해 아

메타버스는 현실 세계를 투영한 온라인 가상 세계이자
점점 진실해지는 디지털 가상 세계이다.

바타, 세컨드 라이프 등 다양한 용어와 개념을 태동시킨 작품으로 인식하기 때문이다.

소설의 내용은 이렇다. 주인공 히로 프로타고니스트는 한국인 어머니(재일교포)와 미국인 흑인 아버지 사이에서 태어났다. 그는 가상 세계인 메타버스에서는 뛰어난 해커이자 검객이지만 현실에서는 마피아에게 빚진 돈을 갚기 위해 피자를 배달하는 평범한 인물이다.

어느 날 히로는 메타버스 안에서 퍼지고 있는 신종 마약 '스노 크래시'가 가상 공간 속 아바타의 주인, 즉 현실 세계 사용자의 뇌에 치명적인 손상을 입힌다는 사실을 알게 된다. 히로는 스노 크래시의 실체를 추적하면서 거대한 배후 세력과 맞닥뜨린다. 소설 속 인간들은 가상 공간인 메타버스에서 아바타가 되어 현실 세계에서와 마찬가지로 활동한다. 히로는 조력자인 소녀 쿠리에를 만나면서 각종 난관을 헤쳐 나간다.

히로는 메타버스 안에서는 최고의 전사다. 새롭게 등장해 전 세계 해커들을 공격하는 컴퓨터 바이러스라는 수수께끼에 빠져든 그는 네온 빛 밝은 거리를 질주하며 정보 시대의 재앙을 일으키려는 보이지 않는 악당을 찾아내 무찌르는 임무를 수행한다.

한마디로 『스노 크래시』는 기묘하고 엉뚱한 미래를 보여준다. 이 책에서 보여주는 기술적인 묘사를 살펴보자.

> "양쪽 눈에 조금씩 다른 이미지를 보여줌으로써 3차원 영상이 만들어졌다. 그 영상을 1초에 72회 바뀌게 함으로써 동화상으로 나타낼 수 있었다. 이 3차원 동화상을 1면당 2킬로 픽셀 해상도로 나타나게 하면 시각의 한계에서 가장 선명한 그림이 되었다. 작은 이어폰으로 디지털 스테레오 음향을 넣으면 움직이는 3차원 동화상은 완벽하게 현실의 사운드트랙까지 갖춘 것이 된다. 이용자는 고글과 이어폰을 통해 컴퓨터가 만들어내는 가상 세계로 들어간다. 컴퓨터 용어로 '메타버스'라는 이름으로 불리는 세상이다."

놀라운 사실은 1992년에 발표한 이 소설이 메타버스의 기술 근간을 이미 상세하게 설명하고 있다는 점이다. 스티븐슨은 메타버스 안에서 건물을 짓고 공원을 만들고 광고판을 세우는 등 현실에서는 거의 불가능한 것을 자유롭게 만들어낸다. 예를 들면 공중에서 날아다니는 조명, 시공간 법칙이 무시되는 공간, 서로를 수색해서 저격하는 자유 전투 지역 등이다.

물론 소설 속 메타버스에서 등장하는 모든 일은 현 세계의 물리적인 상황이 아니라 가상이다. 실재하는 것이 아니므로 컴퓨터 그래픽이나 마찬가지지만, 이 기술들은 과학이 발달하면 현실에서 이루어질 수도 있다. 한마디로 30여 년 전 소설에 나온 내용들이 현재 우리가 접하고 이해하는 것과 크게 다르지 않다는 것이다. 스티븐슨은 메타버스를 고글과 이어폰이라는 시청각 추적 장치를 이용해 접근하는 세계로 규정했다. 그의 아이디어에 많은 사람이 찬탄하는 것은 사이버 공간인 메타버스를 창조했고, 그 가상현실 속에 우리의 분신인 아바타를 선보였다는 점에서이다.

스노 크래시는 소설 속 현실에서는 마약이 되고, 소설 속 가상 세계인 메타버스 안에서는 바이러스가 된다. 현실 세계에서든 가상 세계에서든 스노 크래시가 종교가 되면 그것은 치명적인 독이 되어버린다. 전염성이 강하고 도저히 끊을 수 없게 중독되며 맹목적인 삶이 되어버린다는 것으로, 지금의 현실과 맞물리면서 또 한편으로는 지금보다 더 미래를 이야기하고 있다. 『스노 크래시』에서 이야기한 가상의 세계가 지금의 현실이 되고,

『스노 크래시』에서의 현실이 지금 내가 살고 있는 시대에는 가상의 이야기가 되는 것이다.

닐 스티븐슨은 가상의 세계 메타버스를 창조하고, 거기 들어가려면 아바타라는 가상의 신체를 빌린다는 설정을 상상력으로 탁월하게 그려냈다. 그는 자신이 아바타와 메타버스라는 말을 만들었다고 말했다. 이미 존재하는 단어인 '버추얼 리얼리티 VR'가 약간 이상하게 느껴져 그런 말을 쓰기로 마음먹었다는 것이다.

출간 당시 이 소설은 흥행에 크게 성공하지 못했다. 한국에서는 2008년에 번역 출간되었는데 판매량이 그다지 많지 않아 절판되었다가, 최근 메타버스라는 화두가 조명받으며 2021년 재출간되었다. 이 소설의 내용이 파격적이어서 책의 내용을 토대로 몇 가지 가상현실 프로그램이 출시되기도 했다. 그러나 너무 앞서간 탓인지 크게 상용화되지는 않았다.

메타버스가 지구인들에게 알려지기 시작한 것은 SF 영화의 대부 중 한 명으로 불리는 스티븐 스필버그의 영화 〈레디 플레이어 원〉(2018)이 흥행에 성공한 뒤부터이다. 이 영화는 메타버스 기술이 발전한 시대의 모습을 보여준다. 영화가 출시된 해가 2018년이라는 것이 놀랍다.[5] 영화의 줄거리는 다음과 같다.

2045년 거대 기업들이 도시를 장악하고 있는 상황에서 빈민 지역에 사는 수많은 사람은 암울한 현실을 잊기 위해 가상현실 장비를 사용하는 오아시스ᴏᴀsɪs에 집착한다. 오아시스에서는 누구든 원하는 캐릭터로 어디든 갈 수 있고, 무엇이든 할 수 있고, 상상하는 모든 것이 가능하다. 주인공 웨이드 와츠 역시 유일한 낙은 사람들 대부분이 하루를 보내는 오아시스에 접속하는 것이다.

어느 날 오아시스의 창시자인 제임스 할리데이가 자신이 오아시스 속에 숨겨둔 이스터 에그Easter Egg(게임, 영화, 책 등에 숨긴 메시지나 기능)를 찾는 사람에게 오아시스의 소유권과 막대한 유산을 상속한다는 유언을 남기는데, 그가 사랑했던 1980년대 대중문화 속에 힌트가 있음을 알린다. 소년 웨이드 와츠가 첫 번째 수수께끼를 풀어내자 이를 저지하기 위해 현실에서 살인도 마다하지 않는 'IOI'라는 거대 기업이 뛰어든다.

내용은 단순하다. 모두의 꿈과 희망이 되는 오아시스를 지키기 위해 반드시 우승해야 한다는 것이다. 〈레디 플레이어 원〉은 오아시스라는 가상현실 게임이 지배하는 2045년의 미래를 배경으로 한 전형적인 청소년 모험물의 구도를 따른다.[6] 이 세계에서는 자신만의 아바타를 꾸미거나 유명한 사람 혹은 캐릭터의 모습을 빌릴 수 있다. 영화 속 세계는 현실에서 하지 못하는 다양한 체험을 현실처럼 생생하게 하는 매력적인 곳으로 묘사되어 현재의 메타버스가 무엇인가를 비교적 수월하게 이해하도록 도와준다.[7]

학자들은 메타버스야말로 지금까지 없던 신세계로의 문을 열고 있다고 말한다. 문화도 다르고 소비 방식도 다르고 세계관도 다르다. 김상균 교수는 "인터넷과 스마트폰이 혁명이라면 메타버스는 빅뱅Big Bang이다"라고 말하기도 했다.[8] 우리 우주가 약 138억 년 전 한 점에서 갑자기 폭발해 탄생했다는 빅뱅처럼 메타버스가 그러한 파장을 갖고 온다는 뜻이다.

물론 메타버스를 빅뱅으로 설명하는 것은 과장이고 적합한 단어가 아니라고 지적하는 사람들도 있지만, 달리 보면 이런 비판이야말로 메타버스가 특성이 많다는 뜻이다. 그럼에도 메타버스가 무엇이냐는 질문이 나오는 것은 그만큼 메타버스가 잘 알려지지 않았으므로 보다 쉽게 설명해달라는 말이다. 사실 이 질문처럼 어려운 것은 없다.

김상균 교수는 메타버스가 가상현실을 하위 분류로 포함하는 넓은 개념의 디지털 세계라고 설명했다. 사실 메타버스 초기 단계에는 메타버스나 실제와 유사한 가상현실이 큰 차이가 없었다. 그러나 기술이 발전한 지금은 메타버스가 현실에서 가능하지 않은 것도 창조한다. 경제활동도 할 수 있는 것은 덤이다.[9] 학자들 대부분은 메타버스를 단순히 3차원의 가상 세계로 한정하지 않고, 현실과 가상이 상호 연결되어 초월적 경험이 가능한 디

인터넷과 스마트폰이 혁명이라면 메타버스는 빅뱅이다.

지털 기반으로 인식한다.

　미국 실리콘밸리의 메타버스 전문가들은 메타버스가 실시간으로 실제 같은 3차원 화상의 3D 세계와 시뮬레이션의 광대한 네트워크로 ID, 개체, 기록, 지불, 자격의 연속성을 지원하며, 각각의 개인과 무제한의 사용자가 효과적으로 동시에 경험할 수 있다고 설명한다.[10] 메타버스의 선두주자인 페이스북은 2021년 10월 회사 이름을 메타Meta로 바꾸면서, 메타버스를 "나와 같은 물리적 공간에 있지 않은 다른 사람들과 함께 있게 만들고 탐색할 수 있는 가상 공간의 집합체"라고 간단하게 소개했다.

　반면에 어떤 이들은 '온라인 세계', '다중 우주'와 메타버스를 구분하기도 한다. 온라인 세계는 풍부한 3D 환경에서 텍스트를 기반으로 환경에 이르기까지 하나의 주요 주제에 초점을 맞춘 디지털 공간인 반면, 메타버스는 공유된 테마나 규칙, 집합이 없는 네트워크로 연결된 여러 개의 다른 세계라고 설명한다. 또한 메타버스는 증강현실, 실제 매장을 위한 VR 탈의실, 구글 지도와 같은 애플리케이션(어플, 앱) 등을 통합해 실제와 더 많이 상호 운용되는 다중 우주라고 말하기도 한다.

메타버스 들여다보기

학자들에 따라 전망이 다르기는 하지만 메타버스 산업의 규모는 2030년 1조 5000억 달러까지 성장할 것으로 추정하기도 한다. 각 국가의 국내총생산GDP의 합인 세계 GDP의 1.81퍼센트에 해당하는 엄청난 규모이다. 이같이 엄청난 규모로 세계가 움직이는 대상이기에 나름대로 정의할 필요가 있다.

현재 메타버스를 설명할 때 가장 많이 활용하는 정의는 미국의 비영리 기술연구 단체인 미래가속화연구재단Acceleration Studies Foundation, ASF이 분류한 기준이다. ASF는 메타버스를 기술의 적용 형태(증강 또는 시뮬레이션)와 대상의 지향 범위(내적-개인 또는 외적-환경) 두 가지 축으로 구분한다. 이 두 축을 바탕으로 증강현실Augmented Reality, 일상기록Life logging, 거울세계Mirror Worlds, 가상 세계Virtual Worlds의 네 가지 유형으로 분류한다.

1. 증강현실AR

학자들은 증강현실이라고 부르는 메타버스가 1900년경 처음 등장했다고 말한다. 영화 〈오즈의 마법사〉의 원작자로 유명한 라이먼 프랭크 바움은 현실 세계를 비춘 영상에 사람이 만든 데이터를 덧붙여 표시하는 '캐릭터 마커'를 고안했다. 이후 90년이 지나 AR이란 말이 대중에게 전파되기 시작했는데, 미국 항공사 보잉이 비행기를 조립하는 과정에 가상의 이미지를 입힌 것을 최초의 증강현실로 설명한다.

증강현실이 무엇인지 쉽게 이해하려면 그림책을 떠올려보면 된다. 공룡이 나오는 그림책을 본다고 가정해보자. 인쇄된 모습만으로는 공룡의 움직임이나 소리를 알 수 없다. 그림책 위에 스마트폰 앱을 실행해 증강현실로 공룡의 동영상을 추가로 볼 수 있다면 어떻게 될까? 실감 나는 공룡을 볼 수 있다.

과거에는 사무실을 구하려면 빌딩의 임대를 담당하는 중개업소에서 정보를 얻을 수 있었다. 그런데 증강현실 앱을 사용하면 스마트폰 화면 위에 빌딩에서 임대하려는 사무실의 위치, 면적, 가격 정보들이 나타난다. 굳이 중개업소를 찾지 않아도 필요한 정보를 확인할 수 있다.

이렇게 증강현실은 비약적인 발전을 거듭해 현실에서는 상상으로만 여기던 판타지적 요소나 편의성을 지닌 가상의 정보를 실존하는 형상에 입힌다. 유명한 만화 『드래곤볼』에서 나오는 스카우터와 세계적으로 큰 화제를 일으킨 게임 앱 '포켓몬 고' 역시 증강현실 기반의 메타버스 서비스이다. 『드래곤볼』의 스카우터는 사람의 강함을 측정하는 도구로, 안경 모양의 스카우터를 쓰고 사람을 보면 강함의 정도가 신체 위에 수치로 표시된다. 포켓몬 고도 마찬가지로 현실에서 볼 수 없는 만화와 게임 속 포켓몬들을 디바이스를 통해 현실 위에 표현한다.

놀라운 사실은 포켓몬 고가 2021년 7월 기준 50억 달러(한화 6조 원) 이상의 수익을 달성했다는 점이다. 다소 어리둥절하지만 포켓몬을 잡을 수 있다고 알려진 강원도 속초시에 관광객이 폭증하기도 했을 정도이다. 로스앤젤레스에서는 한 지명수배자가 포켓몬을 잡으려다 제 발로 경찰서에 들어가 붙잡히는 해프닝도 있었다고 한다. 증강현실에 너무 집중한 나머지 현실 세계와 분간하지 못해 일어난 일로, 그만큼 메타버스의 영향이 크다는 사실을 단적으로 보여준다.

증강현실은 사람들에게 가상 세계에 대한 거부감을 줄여주고, 몰입감을 높이는 특징이 있다. 사용자가 단말기 카메라로 현재는 유적만 남은 흔적을 촬영하면 디지털로 구축된 과거의 건물이 사용자 단말기에 겹쳐 보이도록 하기도 한다.

여기에서 『드래곤볼』, 포켓몬 고 등의 공통점은 초점이 현실에 맞춰진다는 점이다. 즉 새로운 정보를 현실의 현실 위에 입혀주는 것이다. 여기에서 주목할 것은 증강현실이 실존하는 물건이나 사람이 있어야 세계가 완성된다는 점이다. 이 말은 증강현실 자체만으로는 세계관이 돌아가지 않는다는 뜻이다.[11]

2. 라이프로깅

일상기록 또는 라이프로깅은 사물과 사람에 대한 일상적인 경험과 정보를 캡처, 저장, 전송하는 기술을 뜻한다. 정보통신 기술이 발달해 우리는 일상생활에서 일어나는 모든 순간을 텍스트, 영상, 사운드 등으로 캡처할 수 있다. 라이프로깅은 단순히 삶의 기록을 저장하는 것만을 의미하지 않는다. 개인의 일상을 서버에 저장해 정리하고, 위치 정보나 생체 정보 등을 다른 사용자들과 공유할 수 있다는 데 특징이 있다.

　　센서가 부착된 스포츠웨어를 네트워크 연결이 가능한 MP3 플레이어와 연동해 달린 거리, 소비 칼로리, 선곡 음악 등의 정보를 저장하고 공유하는 등의 행위가 라이프로깅의 한 예이다. 실제로 달린 코스를 지도로 보여주며 평균 페이스와 칼로리 소모량도 알 수 있다. 또한 본인이 달리기한 기록을 소셜 네트워크 서비스SNS에서도 쉽게 공유할 수 있도록 사용자 친화적인 내용도 보여준다.

인스타그램, 페이스북, 유튜브, 카카오톡 같은 소셜 미디어도 대표적인 라이프로깅 메타버스라 말할 수 있다. 소셜미디어를 사용할 때는 각자가 선별해 올리는 정보도 있지만 위치 정보 같은 데이터가 미디어에 자동으로 등록되기도 한다. 이 역시 라이프로깅이다.

라이프로깅은 크게 두 가지로 나뉜다. 첫째는 학습, 일, 일상생활 등 자신이 살아가는 다양한 모습, 자신에게 일어나는 모든 순간을 텍스트, 이미지, 동영상 등으로 기록하고 이를 온라인 플랫폼에 저장하는 것이다. 이를 위해 개인은 자신의 기억, 스마트폰, 웨어러블 디바이스wearable device(옷이나 시계처럼 착용해서 컴퓨터 기능을 하는 기기) 등도 활용한다.

둘째는 다른 사람이 올린 라이프로깅 저장물을 보고 그에 관한 자신의 생각을 텍스트로 남기거나 이모티콘으로 감정을 표시하고, 나중에 다시 보거나 공유하기 위해 자신의 라이브로깅 사이트에 갖고 오는 것이다. 이는 과거부터 인간들이 애용한 일기와 다름없다. 물론 자기 생각이나 활동, 추천하고 싶은 것, 알리고 싶은 뉴스, 알리고 싶은 다른 사람들이 소셜미디어에 올린 글, 자신이 느끼는 감정, 자신의 미래 계획 등이 기본이다.[12]

그런데 인간들은 참 묘해서 라이프로깅 세계에 올리는 것들은 일상 전반의 꾸밈없는 모습이 아니다. 다른 사람에게 보여주고 싶지 않은 순간은 빼고 피드백을 받고 싶은 일정한 순간만 공유한다. '현실의 나'에서 '보여주고 싶지 않은 나'를 빼고 '이상적인 나'를 더하는 데 주저하지 않는다는 뜻이다. 이것이 피드백에 기반을 둔 라이프로깅의 진면목이다. 다시 말하면 라이프로깅은 다른 사람에게 보이는 사회적 자아를 내가 원하는 대로 꾸며낼 수 있는 세계인 것이다. 바로 이 점이 메타버스를 통한 라이프로깅의 핵심 요소이다.

라이프로깅 세상은 4차 산업혁명의 핵심으로 불리는 '빅데이터'와 연관이 깊다. 컴퓨터, 인터넷, 개인 스마트폰이 당연시되면서 세상은 정보의 홍수 속에 빠졌는데, 이의 해결책이 빅데이터이다. 빅데이터는 테라바이트 이상의 데이터와 그런 대용량 데이터를 처리하는 프로세스 모두를 가리킨다. 단순히 많은 데이터 축적을 의미하는 것이 아니라 정보의 홍수에 빠진 사람들을 구해주는 구명줄 역할도 한다. 학자들은 이를 엄밀하게 정의해 메타버스 서비스는 새롭게 등장한 신기술이 아니라 기존에 존재하던 기술을 재해석한 것이라고 설명한다.

3. 거울세계

거울은 거울에 비친 사물이나 사람의 형상을 똑같이 복사해 상을 맺게 한다. 이처럼 실제 모습이나 정보, 구조 등을 복사하듯이 만들어낸 세계를 거울세계라 부른다. 메타버스의 거울세계도 마찬가지이다. 거울세계는 실제를 있는 그대로 가능한 사실적으로

거울세계는 실제 세계에 존재하는 다양한 데이터들을 가상 공간에
통합하고 확장해 활용성을 극대화해놓은 것이다.

반영하되 투영한 정보가 확장된 가상 세계를 의미한다. 즉, 실제
세계에 존재하는 다양한 데이터들을 가상 공간에 통합하고 확장
해 활용성을 극대화해놓은 것이다.

　　거울세계는 단순히 현실 세계를 복사하는 것으로 끝나지 않
는다. 복사한 정보에 효율성과 확장성을 더해 전보다 많은 정보
를 간편하게 처리하는 세계를 말한다. 이 점만 보면 증강현실과
거울세계에 어떤 차이가 있느냐는 질문이 제기된다. 물론 이들
간에 명백한 차이가 있다. 증강현실은 현실 세계에 있는 물체나
사람 위에 판타지적 요소나 새로운 정보를 덧씌운다. 그러므로
증강현실은 기술적인 정보를 전달하는 방식을 사용하지만 주로
사용하는 정보는 현실에서 볼 수 없는 판타지적 요소를 많이 포

함한다.

거울세계는 그 반대이다. 판타지적인 요소보다 현실 세계의 정보를 전달하는 데 중점을 두는데, 그 정보가 거울세계라는 가상의 공간 위에 맺힌다는 점이다. 즉, 거울세계는 가상의 공간 위에 현실 세계의 정보를 더해 보다 효율적으로 전달하는 것이 핵심이다.

때로는 거울세계와 증강현실이 함께 사용되기도 한다. 한마디로 하이브리드이다. 차량 앞에 있는 유리에 투영되는 HUDHead Up Display는 운전자에게 내비게이션이나 현재 속도 같은 운전에 도움이 되는 정보를 표시해준다. HUD에 투영되는 정보는 기존에 있는 현실 속 정보를 이용한다. 거울세계 메타버스를 이용하는 것이다. 하나의 세계 속에 다양한 정보를 담으면서 거울세계의 장점을 취한 예이다.

거울세계의 가장 큰 특징은 직접적인 제품이나 장소를 갖지 않아도 된다는 점이다. 다른 사람이나 집단이 만들어낸 정보를 바탕으로 데이터화되지 않았던 부분을 새로운 형태로 구축하고, 정보를 가공해서 거울세계 속에 투영하는 방식을 사용하는 것이다.

구글어스, 네이버 앱 등은 대표적인 거울세계 서비스이다. 구글어스는 세계에서 가장 정교한 지구본으로 알려진다. 구글어스는 세계 전역의 위성사진을 모조리 수집해 일정 주기로 사진

—

을 업데이트하면서 시시각각으로 변하는 위성 이미지, 지도, 지형 및 3D 건물 정보 등을 활용한다. 특히 이미지로 표현된 도로, 건물들의 모습과 주소를 포함해 거리의 모습을 사람의 눈높이에서 찍은 사진과 항공사진도 제공한다. 누구라도 세계 여러 지역을 컴퓨터, 노트북만 있으면 쉽게 볼 수 있다.

미국 기업 우버도 거울세계를 적절하게 활용한 예이다. 우버는 2009년 미국 캘리포니아주 샌프란시스코에서 등장한 차량 공유 시스템을 채택한 회사로, 공유된 차량을 승객에게 중계해 수수료를 얻는다. 우버가 소유한 차량이 거의 없는데도 세계를 석권할 수 있는 것은 차량을 공유하는 사람들이 수익을 얻기 때문이다.

전문가들은 우버가 성공한 데에 거울세계도 한몫했다고 말한다. 사용자들이 우버가 거울을 통해 사람들에게 비춰준 세계가 아름답다고 판단했기 때문이라고 설명한다. 기존의 서비스와 비교했을 때 거울세계에 구현된 서비스가 간단해 보이지만 혁신적이라는 것이다.

에어비앤비는 정말로 놀랍다. 2007년 10월 미국 샌프란시스코에서 대규모 컨퍼런스가 열려 숙소를 구하지 못한 사람이 많았는데, 이때 브라이언 체스키와 조 게비아는 자신의 집에 에어베드를 몇 개 깔고 아침을 제공하는 숙박 서비스를 시작했다. 다른 이들에게 잠시 집을 빌려주고 무려 1000달러의 수익을 얻자,

곧바로 자신들의 아이디어를 사업화했다. 이것이 바로 2008년에 탄생한 에어비앤비로, 간단하게 말해 숙박 중개 서비스이다.

에어비앤비의 서비스 모델은 단순하다. 개인이 보유한 아파트, 오피스텔, 주택 등을 에어비앤비에 등록하고 본인이 사용하지 않는 기간에 다른 사람에게 임대하는 방식이다. 숙박객이 호텔이 아닌 개인의 집에 잠시 머무는 형태이다. 사람들은 다른 지역에서 숙박하기 전에 자신이 머물 공간이 어떤지를 확인하고 싶어 한다. 침대, 부엌, 욕실 등이 어떤지 궁금한 것이다. 에어비앤비는 이에 착안해 숙소 정보를 데이터베이스로 구축하고 손쉽게 찾아볼 수 있도록 제공했다. 대신 에어비앤비는 숙박객과 빌려주는 사람 모두에게 일정 비율의 수수료를 받는다.

놀랍게도 2019년 10월 기준으로 에어비앤비는 매일 200만 건의 예약을 성사시켰다. 매일 200만 명에게 객실 200만 개를 제공하는 세계에서 가장 큰 호텔 시스템을 메타버스에 만들었다는 뜻이다. 정작 에어비앤비는 자체적으로 호텔, 아파트 등을 보유하지 않고 있다. 한마디로 숙박시설을 제공하는 호텔의 개념을 차용하되 개인과 개인을 연결해주는 것만으로 거대한 숙박세계를 만든 것이다.

쿠팡, 배달의민족, 에어비앤비 등 현재 막강한 위세를 떨치고 있는 거울세계들은 사실상 매우 단순한 아이디어에서 출발한다. 기존에 있던 정보들을 합쳐 놓은 것과 다름없다. 세계 메타버스의 대표 모델로 불리는 배달의민족도 시작은 간단하다. 집에서 음식을 시켜 먹기 편한 음식점의 분포를 정리해 거울세계에 투영한 것이다. 배달의민족은 요리를 하지 않는 식당이지만, 고객에게 식사를 제공할 수 있다.

학자들은 기술이 계속 발전할수록 현실이 반영된 거울세계는 점점 현실 세계에 근접해갈 것이며, 이는 향후 가상현실의 커다란 몰입적 요소가 된다고 설명한다. 이같이 거울세계, 즉 가상 세계를 열람함으로써 현실 세계에 대한 정보를 얻을 수 있다는 뜻이다. 미래에 거울세계가 보여줄 세계는 지금은 쉽게 상상하지 못할 만큼 클 것이다. 달리 말하면 거울세계를 통한 새로운 세계를 만드는 데 아직도 늦지 않았다는 것이다.

4. 가상 세계

가상 세계는 현실과 유사하거나 완전히 다른 대안적 세계를 디지털 데이터로 구축한 것이다. 가상 세계에서는 개인들에게 현실에 없는 다양하게 활동할 공간을 제공한다.

가상 세계를 아우르는 가상현실이란 개념은 1940년대에 태어났으므로 매우 오래전으로 거슬러 올라간다. 미국 공군과 항공산업이 실제 훈련에 드는 비용을 절감하기 위해 개발한 시뮬레이터이다. 제2차 세계대전 중에는 최초의 비행 시뮬레이터가 완성되었으며, 1968년 아이번 서덜랜드가 HMD_{Head Mounted}

Display(머리에 착용하는 장치)를 개발했다.

당시에는 이 장치들이 교육, 의료 분야의 원격제어와 탐사 등의 과학 연구 목적에 폭발적으로 활용될 것이라고 기대했지만 결과는 이에 못 미쳤다. 고비용과 기술 호환성 등이 발목을 잡았기 때문이다.[13] 결국 초창기 가상현실 시뮬레이터는 특수 분야에서만 사용했는데 컴퓨터, 인터넷 등이 획기적으로 발전하면서 재탄생했다고 볼 수 있다.

가상 세계에서는 사용자들이 아바타를 통해 현실 세계의 경제적, 사회적인 활동과 유사한 활동을 한다. 그렇기에 가상 세계는 우리에게 가장 친숙한 형태의 메타버스라 볼 수 있다. 가상 세계는 단어 그대로 영화나 게임 속에 등장하는 가상의 사이버공간을 뜻한다. 현실에 존재하지 않는 전혀 다른 신세계를 구축하는 그 자체라고 설명하기도 한다.

가상 세계의 특징은 모든 것이 자유롭다는 점이다. 공간, 시대, 문화적 배경, 제도 등 모든 것이 새롭게 태어날 수 있다. 많은 사람이 가상현실만 가상 세계로 설정하지만, 사실 가상 세계의 범위는 그보다 훨씬 광범위하다.

잘 알려진 온라인 게임 역시 가상 세계이다. 특히 참여자가 협력해 목표를 달성하는 온라인 게임인 롤플레잉 게임Role-playing game, RPG이 주로 언급된다. 이 게임은 가상의 공간에 하나의 세계를 형성할 수 있기 때문이다. RPG는 그 안에서 화폐가 통용되고 그들만의 문화가 있으며, 현실과는 완전히 다른 환경이 존재한다.

가상 세계는 크게 게임 형태와 비게임 형태로 나뉜다. 리니지, 포트나이트 등 다양한 게임들이 대표적인 게임형태의 세계이다. 게임의 특성상 가상 세계는 일정한 규칙을 바탕으로 승자를 가리거나 나름의 목표를 추구하므로 현실에서 느끼지 못하는 탐험, 모험의 성격이 강하다. 반면에 비게임 형태의 가상 세계는 커뮤니티 성격이 강하다. 특별한 목표나 경쟁 없이도 서로 대화하고 경험을 공유하며, 대표적으로 세컨드 라이프Second Life, VR 챗CHAT 등이 있다.

가상현실은 영화, 책, 게임 등 다양한 콘텐츠에서 자주 등장하는 단골손님이다. 가상현실의 장점은 여럿이지만 학자들은 대체로 두 가지를 거론한다. 첫째는 현실에서 충족하기 어려운 '인정 욕구'를 가상현실을 이용해 풀 수 있다는 점이다. 둘째는 인간의 본질 중 하나인 '재미'가 있다는 점이다.

인정 욕구란 인간들의 기본 속성이다. 사실 인간들이 어떤 활동을 하는 큰 목적 중 하나는 '행복'인데, 이 중에서 남한테 인정받고자 하는 욕구가 매우 큰 위치를 점한다. 타인에게 인정받는 것이야말로 자신이 쓸모 있는 사람이라고 느끼게 해주고 심리적인 안정을 찾게 해준다는 것이다.

엄밀하게 말해 지구촌 사회는 경쟁을 부추기는 방향으로 발전했다. 한 반의 학생 수가 30명에서 50명임에도 1등은 한 명뿐이다. 1등이라고 해서 인정받는 것은 아니지만, 학교에서 공부 잘한다고 인정받는 학생은 극소수이다. 인간의 속성상 한 분야에서 인정받지 못하면 다른 분야에서 그 욕구를 채우려고 하는데, 학자들은 그 창구가 게임이라고 분석한다.

가상현실도 마찬가지이다. 가상 세계에는 기존의 사회적 규범과 다른 규칙과 질서가 존재하는데, 여기에서 수월하게 성취감을 느끼거나 인정 욕구를 채울 수 있다는 것이다. 물론 이를 현실 도피라고 지적하기도 하지만, 가상 세계의 가치를 전적으로 비하할 이유는 없다. 학자들은 미래의 가상 세계가 단순히 현실에서 벗어난 판타지를 구현하는 공간이 아니라 다양한 경제, 사회, 문화적 가치를 창출하는 공간으로 진화할 수 있다고 강조한다.

가상 세계가 주는 재미도 크다. 인간들은 몰입감을 느낄 때 재미를 느끼는데, 몰입감은 인간 뇌 속에 존재하는 거울뉴런과 관련이 있다. 이 말은 내가 몸으로 직접 경험하지 않아도 시각적인 정보나 다른 감각을 통한 정보만으로도 충분히 몰입감을 느낄 수 있다는 뜻이다.

학자들은 네 가지 메타버스 중 인간들이 가장 큰 관심을 보이는 분야가 가상 세계라고 설명한다. 또한 유독 가상 세계에 몰두하는 이유로 시각 감각을 거론한다. 인간은 받아들이는 정보의 80퍼센트 이상을 시각에서 얻는다. 즉 인정, 재미 등의 욕망을 채우는 데 시각적 정보가 가장 효과적이라는 뜻이다. 메타버스에서 시각이라는 기술은 바로 VR이다. VR이야말로 시각적 실재감을 느끼도록 하는 데 최적화된 기기이다. VR이 주는 실재감은 시공간을 넘어 새로운 세상의 실제감을 준다는 데 사람들이 매료되는 것이라 볼 수 있다.

가상현실이 만드는 세계

일부 전문가들은 메타버스 기술 세계가 가상 유토피아라는 매혹적인 아이디어로 포장하지만, 내용을 깊이 살펴보면 자본주의 기술 관료주의 악몽에 더 가깝다고 지적한다.[14] 메타버스 기술 세계는 가상현실VR 헤드셋 등을 착용하고 사용자가 원하는 모든 것을 가질 수 있는 대체현실에서 완벽한 가상의 맨션을 향해 날아가는 자동차를 운전하는 개념으로 설명하기도 한다. 한마디로 미래의 지구인들이 이런 자동차 탑승을 자연스러운 일상생활의 일부로 생각할 것이라는 뜻이다.

가상 세계가 상상할 수 없을 정도로 자유로워질 것은 의심의 여지가 없다. 사이버 공간은 처음 시작했을 때부터 우리 모두를 평등하게 만들어 우리의 물리적 표현이나 한계가 아니라 우리 머릿속에 있는 것, 우리가 보고 싶어 하는 방식으로 판단하게 해준다는 점에서 상당한 의미가 있다. 물론 이러한 꿈은 현실 세계의 위계와 한계를 허무를 위험이 있지만, 평범한 사람이 영웅이 되고 가난하고 소외된 사람들이 현실에서 벗어나 보다 흥미롭고 보람 있는 곳에서 산다는 희망을 줄 수도 있다.

학자들은 메타버스가 이러한 문제를 마술처럼 해결해주리라 기대하는 것은 완전한 환상에 지나지 않는다고 비판하기도 한다. 가상 세계에서 경험한 어떤 것에 대해서 부정적인 견해를 주저하지 않는다는 지적이다.

지구촌의 수많은 인간이 이미 온라인에서 거의 무한한 삶을 살고 있다는 것은 사실이다. 브라우징을 시작한 직후 사람들의 웹 경험은 매우 다양하다. 특히 우리는 우리가 누구이고 어디에 살고 어떤 콘텐츠를 소비하는지에 따라 매우 다른 시각으로 보고 느낀다. 우리가 좋아하는 것들은 다른 형태로 계속해서 나타나며, 이를 토대로 새로운 버전에서 업그레이되어 다시 나타난다.

이는 메타버스가 현실 세계에서 대부분 눈에 띄지 않는 사람들에 의해 구성되고 있기 때문이다. 메타버스는 이를 만드는 회사들의 목적을 따르도록 프로그램화되어 있다. 메타버스에 들어가는 우리는 이를 만든 사람들의 의도에 따라 생각 없이 복제되는 인간에 불과하다. 그래서 악의적인 행위자에 의한 남용, 조작을 방지하려는 방법조차 효과적이지 못하다는 지적도 제기된다. 현재 우리의 온라인 생활은 전적으로 우리 자신의 것이며, 이는 선택적이고 자기 강화적인 세계관으로 이어질 수 있다. 과연 가상현실도 이 같은 효과를 얻을 수 있느냐이다.

그동안 인간의 역사는 진짜와 가짜를 구별하기 위해 고군분투해왔다고 볼 수 있다. 그런데 메타버스는 원천부터 가짜를 기본으로 하고 있다는 점이 발목을 잡는다. 학자들은 이러한 가짜의 행위에 인간들이 크게 영향을 받고 있음에도 이를 종종 깨닫지 못하고 있다고 지적한다. 또한 가짜 행위들이 정치적 신념을 형성하고 불화를 심을 수도 있는데도 메타버스는 그런 역학을 교묘히 이용해 실제 상호작용에 적용한다는 지적도 있다.[15]

이 말은 메타버스 개발에 윤리 문제 등 복잡한 문제가 관건이 될 수 있다는 것을 의미한다. 일부 학자들은 현재 베이비 모니터, 인공지능(AI), 소셜 미디어 플랫폼에서 이런 문제가 공론화되었음에도 메타버스에는 이런 점이 보이지 않는다고 비판한다. 악의를 가진 행위자가 메타버스에 극단주의를 심거나 혐오를 조장하는 등 유해한 콘텐츠를 생산해도 이에 무방비라는 것이다.

사실 진짜와 가짜를 구별하기란 매우 어렵다. 메타버스의 대부분이 합성인데 무엇이 가짜일까? 진짜와 가짜의 경계가 매우 모호할 때 이를 어떻게 판정할 수 있을까? 코로나19 펜데믹이 큰 틀에서는 일시적이라고 생각하지만, 만약 대면 상호작용이 사라진 완전한 온라인 상태가 된다면 최근에 나타난 예를 보더라도 보다 일반적이고 급진화된 가짜 정보가 판을 칠 수 있다.

아직은 메타버스에 여러 문제점이 내재되어 있는 것은 사실이지만, 메타버스 자체를 비난만 할 수는 없다. 학자들은 메타버스가 안전하고 공평하다는 것을 보장하기 위해 올바른 도구와 보안 프레임워크가 구축되어야 한다고 말한다.

우리가 일상생활에서 흔하게 사용하는 인터넷과 스마트폰은 인류에게 온라인이라는 새로운 가상 공간을 열어주어 누구나 스마트폰을 통해 연결되고 원하는 정보를 검색할 수 있다. 메타버스는 이에 더해 온라인 세계를 넘어 현실 세계에서 불가능한 다양한 범위의 활동을 제공한다는 데 그 효용성을 인정받는다.

메타버스는 현실 세계에서만 가능한 것으로 생각하던 공연, 교육, 경제활동 등을 가상 세계에서 새로운 각도로 구현했다는 점에서 많은 사람을 놀라게 했다. 아이돌 그룹 방탄소년단BTS의 신곡 〈다이너마이트〉는 일반 방송이나 유튜브에서 공개하지 않고 포트나이트라는 메타버스 게임 플랫폼 아바타를 통해 최초로 공개했다. 또 3D AR 아바타 제작 앱인 네이버Z의 제페토, 사용자 제작 게임 플랫폼인 로블록스 등은 가상 세계에서 경제활동을 통해 얻은 수익으로 현실 세계에서 삶을 이어갈 수 있게 한다. 메타버스가 폭발적으로 성장하게 하는 요인들이다.[16]

가상 세계는 이미 현실 세계와의 경계를 허물어가고 있다. 만약 가상 세계에서 다른 사람들이 경험하는 것과 근본적으로 다른 것을 경험하면 외부 사람들에게 이를 적극적으로 알릴 방법을 도입해야 한다. 가상현실의 큰 틀은 진정한 메타버스 공공 광장을 만드는 것이다. 개인의 취향에 따라 사람들을 나누지 않고 모두에게 같은 것으로 증명되는 하나의 공유 공간을 만들어야 한다. 이런 문제들을 해결하기 위해 수많은 전문가가 머리를 맞대고 있다.[17]

2장

왜 메타버스가
현실 세상에 등장할까?

메타버스는 요즘 갑자기 등장한 것이 아니다. 학자들은 텍스트를 기반으로 여러 사용자가 대화를 나누며 게임을 하는 것이 초기 메타버스 개념이라고 말한다. 과거부터 컴퓨터, 인터넷이 현실 세계와 연계해줬는데, 최근 출발한 4차 산업혁명이라는 기차가 이를 촉진했다는 설명이다. 앞으로 기술이 발전하면서 메타버스는 우리 일상생활의 일부가 될 것이다. 이뿐만 아니라 메타버스가 산업 전체에 큰 영향을 미치는 것은 물론 더 나아가 핵심적인 역할을 할 수도 있다.

　사실 4차 산업혁명의 기차가 출발하기 이전부터 가상현실, 증강현실 등의 기술 발전과 함께 3차원 가상 세계인 메타버스의 원천들이 등장했다. 초기에는 메타버스를 게임, 콘텐츠 등에서 제한적으로 활용했지만, 요즘은 게임과 엔터테이먼트는 물론 축제, 대화, 모임, 업무 등 모든 분야에 활용하고 있다.

메타버스가 등장한 큰 요인은 업그레이드된 그래픽 기술과 초고속 인터넷의 연결성이다. 그래픽과 인터넷의 발전 덕분에 많은 비디오 게임이 실시간 서비스 게임으로 바뀌었고, 플레이어를 더 빠르고 안정된 속도로 작동시킬 수 있었다. 더욱 생동감 있고 숨 쉬며 끊임없이 변화하는 세계로 유도하는 환상을 만든 것이다.

메타버스에서 게임의 역할은 매우 중요하다. 게임은 계속 업그레이드되고 게임에 경험을 도입하면서 사용자들을 정적인 게임이 아니라 역동적이고 환상적인 가상 공간으로 유도했다. 이런 아이디어들이 발전해 게임 내에서 콘서트와 패션쇼가 열리기도 했다. 게다가 가상현실과 증강현실이 사용자의 동적인 서비스에 연계되자 이런 새로운 아이디어 접목은 폭발적인 호응을 일으켰다. 한마디로 메타버스는 승승장구했다.

이에 힘입어 페이스북(Meta)에서만 VR 헤드셋을 약 800만 개나 판매했으며, VR 게임 수십 개가 엄청난 매출을 올리는 기염을 토했다. 물론 이런 숫자도 핸드폰과 콘솔 판매량에 비하면 적은 숫자지만, 10년 전만 해도 가정용 VR 시장이 사실상 존재하지 않았던 것을 생각해보면 엄청난 판매량이다. 현재 가정용 VR 시장에는 애플을 비롯해 중국 기업들이 속속 진입하고 있는데, 그만큼 이 분야가 전망 좋은 먹거리이기 때문이다.[18]

학자들은 메타버스를 다음과 같이 설명한다. 메타버스가 현실 세계와 구분되는 것은 사실이지만 독립적인 세계의 문을 열어 현실 세계와 같이 일상생활이 가능하고 계속해서 지속되는 하나의 세계이자 공간이라는 것이다. 중요한 것은 메타버스에 인간이 직접 들어갈 수는 없지만 아바타가 형상을 대신해 활동할 수 있다는 점이다.

큰 틀에서 메타버스는 가상 및 물리적 공간과 가상 경계 간의 통합이 포함된다. 그러므로 개발자들은 수요자의 몰입도 증가에 따라 가상현실 기술을 각 분야에 접목한다. 건물, 공원, 표지판은 물론 공중에 떠 있는 광대한 조명 쇼, 3차원 시공간의 규칙을 마음껏 무시하면서 현실에 존재하지 않는 것들을 건설할 수 있다. 가상으로 사냥도 할 수 있다는 놀라움도 제공한다.

학자들이 메타버스를 가상으로 확장된 물리적 현실과 물리적으로 지속되는 가상 공간이라고 설명하는데, 여기에서 중요한 것은 가상으로 확장된 물리적 현실에 따라 결과적으로 현실의 물리적인 것이 가상으로 확장된다는 것을 의미한다는 점이다. 가상으로 확장된 물리적 현실과 물리적으로 지속되는 가상 공간의 융합으로 사용자에게 이 중 어느 하나라도 경험치가 될 수 있도록 유도한다는 뜻이다.

예를 들어 웹이라는 가상 공간을 통해 현실에서 벌어지는 구매 행위를 가능하게 만든다. 즉 현실에서만 가능하던 현상을 메타버스를 통해 가상현실에서도 같은 효과를 나타내도록 유도할 수 있다는 것이다.[19] 이는 메타버스가 단순히 3차원의 가상 세계로 한정되는 것이 아니라 현실과 가상이 상호 연결되어 초월적 경험이 가능한 디지털 기반으로 인식할 수 있다는 것을 뜻한다.

MZ세대가 주도하는 메타버스

메타버스가 기술 발전과 디지털 전환의 가속화로 틀을 잡아갈 것이라는 데에는 의문의 여지가 없다. 실제로 메타버스는 빅데이터, 클라우드, 무선통신, VR, AR, 소프트웨어, 하드웨어 등을 모두 포괄하는데, 이를 뒷받침할 기술이 없다면 메타버스 자체가 거론될 수도 없었다. 학자들은 이 기술들이 고도화되고 임계점을 넘었기 때문에 메타버스가 우리 주변에 침입할 수 있었다고 주장한다.

그러나 메타버스의 폭발적인 등장은 기술 발전 때문만은 아니다. 메타버스가 나타날 수 있었던 또 다른 여건이 조성되었다. 바로 미래 시대를 이끌 MZ세대가 이를 주도하고 있다는 점이다. MZ세대는 일반적으로 1981년부터 2010년까지 출생한 사람으로 정의한다.

디지털 네이티브인 MZ세대들의 사고방식이나 니즈Needs는 기성세대와는 매우 다르다. 학자들은 사람들이 현실 세계에서는 생리적인 니즈를, 가상 세계에서는 정신적인 니즈를 추구한다고 말한다. 사람의 니즈 측면에서 보면 둘이 합쳐져 온전한 하나를 이룰 때가 최상이라는 것이다.[20] 두 세계는 물리적 의미의 평행 우주가 아니라 상호 긴밀한 관계를 맺은 세계로 사람에게 가장 중요한 연결고리로 인식한다.

MZ세대는 다양성을 존중해 서로 다른 취향이나 다른 성향의 니즈를 인정한다. 한마디로 삶의 방식은 사람마다 다른 선택사항이라는 것이다. 나만의 스타일을 추구하고 맞춤형을 선호하며 매우 현실적으로 현재를 중시하면서 노력 대비 보상을 요구한다. 더불어 지구 중심적 소비를 하는데 재미와 사회적 가치를 추구하는 소비를 한다. 그래서 가능한 한 착한 기업의 상품을 선택한다.

또한 MZ세대는 '부캐'로 표현하는 또 다른 제2의 자아에 대한 욕망이 강하다. 현실 세계에서 충족되지 못한 욕망 해결의 창구를 찾은 이들은 또 다른 자아를 만들어 가상 세계로 접속하는 것을 선호한다. MZ세대는 기성세대가 부동산을 통해 막대한 부를 축적하는 것을 봐왔지만 정작 자신은 할 수 없는 상실감이 상대적으로 크다. MZ세대에게는 기성세대가 점유하고 있는 현실 세계의 부동산, 주식, 예술품 시장과 달리 아직 기득권자가 없는 메타버스가 새로운 기회의 세상으로 비치고 있다는 것이다.[21] 메타버스의 기술과 플랫폼이 이들의 특징과 매우 유사해 메타버

MZ세대는 메타버스의 기술과 플랫폼이 자신들의 특징과 매우 유사해
메타버스에 별다른 거부감 없이 선호한다.

스에 별다른 거부감 없이 선호한다는 것이다.

여기에 세상이 바뀌고 있다는 것도 한몫했다. 과거에는 자본과 기술을 갖고 규모가 큰 대기업이 시장을 주도했다. 하지만 현재는 스타트업들이 대기업과 경쟁하거나 대기업보다 우위에 서기도 하는 시대이다. 그만큼 비즈니스 경쟁이 심해졌다. 이런 변화는 미래로 갈수록 더욱 확대되고 심화되므로 여기에서 살아남기 위한 효과적인 대응 전략이 필요하다.

세계의 주도권 싸움이 기술전으로 치열하게 펼쳐지고 있다는 점도 메타버스가 최근 등장하게 된 배경이다. 온라인 세상은 1990년대 인터넷 시대를 시작으로 개인용 컴퓨터Personal Computer, PC에서 가동되는 브라우저 기반의 홈페이지가 주도했다. 2009년 본격적으로 스마트폰이 출시되어 모바일 시대로 바뀌었다. 그러다 3D 가상 세계와 연결된 메타버스가 등장해 VR, AR 글래스가 필요한 3D 디바이스 세상을 열었다.

　　PC는 MS-OS와 맥-OS가 주도했고 모바일은 안드로이드와 iOS가 지배하고 있다. 메타버스는 OS 외에도 3D디바이스가 함께 있어야 하는데, 아직은 세계를 석권하는 주도 세력이 태어나지 않은 무주공산이다. 선두주자가 되기 위한 기술 개발과 경쟁이 치열하게 벌어지고 있는 상황이라는 것이다. 그런데 여기에 예상치 못한 돌발 상황이 생겨 메타버스가 전면으로 나서는 결정적인 계기가 된다.[22]

강력한 메타버스 지원군

1992년 닐 스티븐슨이 『스노 크래시』를 발표하고, 2018년 스필버그 감독이 〈레디 플레이어 원〉을 출시했으므로 메타버스는 점진적으로 진행되고 있었다. 그러다 2020년 그야말로 상상도 하지 못한 새로운 원동력이 등장했다. 바로 코로나바이러스감염증-19(코로나19)가 불러온 팬데믹이다.

세계보건기구WHO는 2020년 3월 세계를 강타한 코로나
19를 감염병의 최고 위험단계인 팬데믹으로 선언했다. 팬데
믹은 특정 질병이 전 세계적으로 유행하는 현상을 가리킨다.
WHO는 감염병이 특정 권역 창궐을 넘어 두 대륙 이상으로 확
산될 때 팬데믹을 선언한다. 인류 역사상 팬데믹에 속한 질병은
14세기 중세 유럽 인구의 최소 30퍼센트 이상을 죽음으로 내몰
았던 흑사병(페스트), 1918년 전 세계에서 2000만~5000만 명
의 사망자를 낸 스페인 독감, 1957년 아시아 독감(사망자 약 100
만 명 추정), 1968년 80만 명이 사망한 홍콩 독감 등이다.

　　스페인 독감이 유행할 당시 전 세계 인구는 17억 명가량
이었다. 이중 무려 5억 명가량이 스페인 독감에 감염되었으며,
1700만~5000만 명이 사망한 것으로 추정한다. 사모아(서사모
아) 섬에서는 두 달 사이에 인구의 22퍼센트인 3만 8000명이
죽었다고 한다.

　　스페인 독감이 창궐했을 때는 제1차 세계대전이 끝날 무렵
이라 영국, 독일, 프랑스에서 언론 검열이 심했다. 이 때문에 사
람들은 독감이 유행한다는 사실조차 몰랐다. 당시 중립국이던
스페인에서 한 신문이 1918년 3월 '이상한 질병이 퍼지고 있는
데 아직 마드리드에는 사망자가 없다'는 기사를 처음으로 내보
내고, 계속해서 독감 관련 소식을 보도했다. 그 바람에 스페인 독
감은 스페인에서 시작되었다는 오명을 뒤집어썼다.

스페인 독감은 일반 독감과 여러 면에서 다르다. 우선 치사율을 보면 일반 독감은 0.1퍼센트에 불과한데, 스페인 독감은 20퍼센트로 일반 독감보다 무려 200배나 웃돈다. 또한 일반 독감은 5세 미만이나 65세 이상 면역력이 약한 사람들에게 사망률이 높지만, 스페인 독감은 청년기인 25~35세 젊은이들의 사망률이 높았다. 사람들을 가장 놀라게 한 것은 아침까지 별다른 이상 없이 멀쩡했는데 저녁에 갑자기 사망한 사람도 많았다는 점이다.

스페인 독감만큼 코로나19도 인류에게 큰 위협이었다. 코로나19는 감염자의 비말(침방울)이 호흡기나 눈·코·입의 점막으로 침투될 때 전염된다. 코로나19 감염을 예방하기 위해 우리는 마스크 착용, 손 씻기와 사회적 거리두기를 했다. 사람이 직접 접촉하는 기회를 줄여 바이러스가 사람에게 옮겨지는 자체를 피하자는 뜻이었다. 바로 이것이 메타버스에 상상할 수 없는 기회를 부여했다.

코로나19는 지구인들이 직접적 접촉을 전제로 해왔던 모든 일을 거의 멈추게 하면서 비대면 기술로 처리할 것을 강요한다. 전 세계를 휘몰아친 팬데믹은 그동안 인간들의 생활에서 가장 중요했던 대면 활동을 꺼리게 했고 재택근무, 원격회의와 같은 인터넷화를 촉진했다. 이는 바로 메타버스의 공간이 폭발적으로 증가한다는 것을 의미한다. 비대면이 메타버스의 활성화에 결정적인 동인이 된 것이었다.

엄밀한 의미에서 비대면은 코로나19로 갑자기 등장한 것이 아니다. 비대면, 즉 언택트Untact 기술은 4차 산업혁명이 출발하기 전에도 이미 지구촌 거의 전 지역에서 활용되던 기술이기 때문이다. 특히 교육 분야에서 비대면 교육은 인터넷이라는 무기가 등장한 이래 적극적으로 도입되고 있었다. 물론 과거부터 세계 각지에서 시행된 언택트는 온라인 쇼핑몰, 모바일 스토어 등으로 형태로 활발하게 진행되고 있었다. 이렇게 온라인에서 진행되는 상거래를 이커머스electronic commerce, e-commerce라고 부른다.

사실 이커머스는 매우 오래전부터 알려진 것이다. 정보통신기술ICT의 발전과 1인 가구의 증가, 개인주의의 확산으로 사람들은 타인과 접촉하기보다 혼자서 기기의 표시(디스플레이 등)를 통해 일을 해결하는 데 익숙해졌다. 이런 시대의 흐름에 맞추어 등장한 기술이 자동 판매 기술이다.

언택트 기술의 대명사로 알려진 것은 키오스크이다. 고속도로 휴게소, 패스트푸드 매장은 물론이고 요즘은 일반 식음료 가게에서도 터치스크린이 달린 키오스크를 사용해 주문과 결제를 무인으로 처리한다. 키오스크는 주문을 위해 줄을 서는 시간과 주문 처리 시간을 단축하고, 주문을 처리할 때 오류도 줄인다.

언택트 기술은 기본적으로 보이지 않는 것을 전제로 하므로 메타버스의 가상현실VR과 증강현실AR 기술로 연결된다. 특히 사이즈와 피팅이 중요한 의류는 직접 입어보지 않고도 소비자가 요구하는 적절 상태를 VR이나 AR로 확인할 수 있다. 화장품이나 헤어 염색 제품도 VR이나 AR을 통해 소비자가 원하는 색을 가상으로 칠해 보고 고를 수 있는데, 언택트가 이를 촉진했다.

특히 코로나19로 등장한 다음과 같은 일들은 새로운 시대가 어떻게 변화되는지를 보여준다.[23]

① 가상 콘서트 : 미국의 트래비스 스콧은 포티나이트 게임 속에서 가상 콘서트를 개최했다. 전 세계 게임 유저 1230만 명이 참여해 함께 가상 콘서트를 관람했다.

② 가상 교육 : 샌드박스 게임 마인크래프트와 게임 플랫폼 로블록스는 학부모들이 가상 공간에서 자녀들의 생일 파티를 열 수 있도록 준비했다.

③ 가상 금융 : 메타버스에 투자하는 자산펀드가 설립됐으며, 메타버스 자산과 자원을 다각도로 가상화하는 모델이 등장했다.

④ 가상 학술 활동 : AI 학술회의인 ACAIAnimal Crossing Artificial Intelligence Workshop가 가상회의로 개최되었다.

⑤ 가상 창작 : 로블록스 주도로 1억 명 이상의 사용자가 1800만 개 이상의 게임을 창조하는 경험을 했다.

코로나19 팬데믹 이후 새롭게 진행된 시도들은 앞으로 우리 생활이 매우 달라질 수 있음을 보여주는 한 예에 지나지 않는다. 일부 학자들은 비대면으로 경제가 악화하고 문화가 침체할 수 있는 등 부정적인 면이 적지 않다고 지적하지만, 의외의 긍정성도 있다는 데 많은 사람이 동조한다. 비대면 서비스와 관련된 기술, 아이디어 등의 집약적이고 폭발적인 발전이 이를 증명한다. 특히 메타버스가 큰 기회를 얻었다.[24]

3장

가상현실, 증강현실과
메타버스의 차이점은?

메타버스라는 말이 폭발적으로 등장하자 가장 큰 의문은 그동안 많이 접했던 가상현실과 무엇이 다르냐는 것이었다. 이는 가상현실, 증강현실과 메타버스의 차이점이 무엇이냐는 것인데, 상당히 헷갈리는 질문이라고도 볼 수 있다. 메타버스 자체가 증강현실, 가상현실을 토대로 움직이기 때문이다. 이 말은 이들을 구분해 설명하는 것이 간단하지 않다는 뜻이다.

어떤 학자들은 메타버스가 기본적으로 3D 소셜 네트워크이지만 가상 공간임에도 프로필 대신 아바타로 통용된다는 점을 강조한다. 메타버스 안에는 사람들이 모여 뉴스를 공유하고 재미있는 이야기를 나누고 게임을 하는 것을 통합적으로 관리하는 서비스도 있다. 다시 말해 메타버스는 가상현실과 증강현실을 포함한 기술을 접목해 실제와 가상 세계가 통합되는 일련의 과정을 진행하며, 메타버스 앱은 실제 세계와 유사한 시공간을 가진다.[25] 그러므로 메타버스와 증강현실, 가상현실을 분리해서 차이점을 찾아내려는 질문은 원천적인 문제가 있다는 지적이다.

반면에 일부 학자들은 셋의 차이에 대한 질문이 마냥 허황된 것은 아니라고 말한다. 이들 간에 약간의 차이점이 있다는 것이다.

메타버스와 가상현실이 비슷하게 느껴지지만, 이 둘의 차이점은 소통에서 확인된다. 가상현실은 헤드셋을 착용한 상태에서 가상현실 속의 다양한 상황을 1인칭 시점에서 체험한다. 반면에 메타버스는 같은 가상현실 속이지만 다른 사람들과 소통하며 참여할 수 있다. 메타버스의 응용 폭이 가상현실보다 넓다.

메타버스는 내가 가상현실 속 아바타가 되어 가상현실 속의 다른 대상들과 대화할 수도 있으며 즐겁게 게임도 하고 업무를 볼 수도 있다. 여러 가지 활동이 가능하므로 비록 인터넷 세상이고 3차원 가상 세계이지만 현실 세계와 마찬가지로 경제활동을 하며 문화생활을 즐기는 것도 가능하다.

학자들은 둘 사이의 가장 큰 차이점으로 방향성을 꼽는다. 가상현실은 단방향이지만 메타버스는 양방향 콘텐츠라는 것이다. 가상현실은 1인칭 시점으로 전용 기기를 통해 가상현실을 연동해서 체험한다. 반면에 메타버스는 가상현실보다 더 다양한 사회, 경제적 추구가 가능한 양방향 콘텐츠이다. 메타버스에서는 기업이 만든 콘텐츠도 있지만, 개인도 콘텐츠를 만들어 영리 활동을 하며 이를 위해 블록체인 기반의 가상화폐도 사용할 수 있다.

학자들은 메타버스에 다음과 같은 규범이 적용된다고 설명한다.

- ◆ 메타버스는 모든 사람을 위한 것이어야 한다.
- ◆ 누구도 메타버스를 강제로 제어할 수 없다.
- ◆ 메타버스는 누구에게나 일반적으로 열려 있다.
- ◆ 메타버스는 하드웨어에 구애받지 않고 독립적이다.
- ◆ 메타버스에는 네트워크와 인터넷이 포함된다.

메타버스에 네트워크와 인터넷이 포함된다는 것은 큰 틀에서 이 둘이 같은 공간을 사용한다는 것을 의미한다. 그런데 가상현실·증강현실도 과학이 비약적으로 발전하면서 메타버스와 여러 형태로 연계된다. 앞에서 메타버스가 무엇인가에 대해 설명했는데, 가상현실·증강현실과 메타버스를 연계해 각 부분으로 나누어 설명해보겠다.

① 메타버스의 가상현실VR

가상현실은 메타버스에서 하위 카테고리를 구성하는 디지털 세상을 가리킨다. 다시 말해서 가상현실이란 말 그대로 인공적으로 만들어진, 실제와 흡사한 가상의 환경, 상황 혹은 기술 자체를 뜻한다. 영어로는 Virtual Reality라고 통용되며, 우리가 실생활에서 편히 부르는 명칭은 'VR'이다.

가상현실 콘텐츠를 체험하는 사람들은 컴퓨터 등을 활용한 과학 기술로 만들어낸 인공적인 환경에서 몰입을 통해 실감 나는 상황을 경험할 수 있다. 특히 VR을 가동하는 데는 실제적인 위험이 없으므로 각종 시뮬레이션에 적격이다. 현재 운전 연습, 제품 디자인, 낙하산 훈련, 안전 관련 트레이닝 등 다양한 분야에서 활용되고 있다.

메타버스는 가상현실 상황에 단순히 몰입하며 '감상'에 그치는 일방적인 작용이 아니라, 구동하는 디바이스를 사용해 손으로 직접 제어하면서 가상현실에 구현된 수많은 요소와 상호작용을 할 수 있다는 점이 특징이다. 즉 사용자의 경험이 끝없이 갱신된다는 점에서 일반적인 시뮬레이션과는 분명한 차이를 보인다.

그런데도 메타버스와 가상현실의 차이점이 무엇이냐는 질문이 나오는 것은 사용자가 메타버스로 진입하려 할 때 가상현실이라는 공간을 차용해야 하기 때문이다. 사실 가상현실은 실제 우리가 현실에서 느끼고 경험하는 공간이 아니다. 즉 가상현실에 일단 들어가야 비로소 새로운 공간에 접근하며, 이곳에서 사람과 사물, 풍경 등이 변형을 통해 완전히 새로운 미지의 환경으로 진입할 수 있다.

쉽게 설명하면 현실 속의 집을 떠나지 않고도 학교나 직장을 방문하고 게임도 하며 콘서트도 관람할 수 있다. 또 슈퍼마켓을 직접 방문하지 않고도 매장 진열대를 3차원으로 둘러볼 수 있다. 이러한 가상현실은 사실상 이미 지구촌 전체에 걸쳐 잘 알려져 있고, 활용되고 있다.

가상현실은 사람들이 온라인에서 만나고, 서로 작용하고, 사교하는 방식을 극적으로 변화시키고 있다. 이러한 몰입형 디지털 공간은 온라인과 오프라인 세계의 측면을 혼합해 온라인 상호작용을 위한 새로운 기회를 만든다. 소셜 VR(가상현실) 게임은 사용자에게 가상 환경에서 다른 플레이어를 만나고 소통하는 경험을 제공한다. 예를 들어 온라인 게임 렉룸Rec Room은 플레이어가 만나서 물리적으로 피구나 디스크 골프 같은 다양한 게임에 참여할 수 있도록 한다.

이렇게 가상현실은 사용자를 물리적 세계의 디지털 복제 내부에 잠기게 하고 사용자가 그것에 동화될 수 있도록 만든다는 데 특징이 있다. 디지털 세계의 콘텐츠는 인공적이지만 물리적 세계의 콘텐츠를 따라 복제된다. 또한 가상현실 환경은 360도로 펼쳐진 사진과 영상을 디지털 방식으로 캡처해 사용자가 가상 세계 내부에 배치되어 보다 다양한 각도에서 캡처된 순간을 경험할 수 있다.

현대인들 대부분은 바쁜 일상에 쫓겨 온전한 휴식을 취하지 못하고 살아간다. VR은 이러한 사람들을 위해 자율적인 가상 여행이 가능하도록 프로그래밍 되어 있다. 예를 들어 아프리카 동물들이 어슬렁거리는 사바나의 초원, 피톤치드가 쏟아지는 듯한 맑은 숲속, 아름다운 해변이나 깊은 산속 등 테마별로 가보고 싶은 여행지를 선택해 체험할 수 있다. 해외여행을 가지 않더라도 그저 그런 풍경 속을 탐험하는 것이 아닌, 실제로 힐링이 되고 위로받는 경이로운 경험을 할 수 있다.

② 메타버스의 증강현실AR

증강현실은 현실 공간에 그래픽을 구현한 가상의 사물을 중첩해 상호작용이 가능하도록 구축한 환경이다. 대표적으로 앞에서 설명한 포켓몬고나 이케아의 플레이스 등이 이에 해당한다. 증강현실은 현실 공간에 2D, 3D를 겹쳐 상호 작용하게 하는 환경을 말하는데, 가상현실을 업그레이드한 것이라 볼 수 있다.

증강현실은 현실에 기반을 두고 컴퓨터 기술을 활용해 추가적인 정보와 이미지를 얻는 세계이다. 그러므로 AR은 VR보다 현실에 기반하는 비율이 더 높으며 고도로 발달된 AR은 지구인이 생각하는 메타버스의 최종 형태로 평가된다. 증강현실은 현실 세계와 일부 디지털 요소를 결합해 구현되며, 스마트폰 디스플레이나 헤드셋을 사용해 실제 세계의 가상 요소를 향상시킨다. 따라서 사용자가 물리적 세계를 경험하면서 일부 디지털 기능을 활용할 수 있도록 만든다.

다시 말하면 증강현실은 어떤 방식으로든 자연환경을 시각적으로 변경하거나 사용자에게 추가 정보를 제공하는 데 사용된다. 특히 증강현실은 디지털과 3차원(3D) 구성 요소를 개인의 현실 세계 인식과 혼합할 수 있다는 이점이 있다. 즉, 증강현실을 의사 결정 지원부터 엔터테인먼트까지 다양한 용도로 사용할 수 있다는 말이다.

증강현실은 스마트폰이나 안경 등의 기기를 통해 사용자에게 시각적 요소, 소리, 기타 감각 정보를 전달한다. 이 정보는 장치에 덮어씌워져 디지털 정보가 현실 세계에 대한 사용자의 인식을 바꾸는 상호 짜인 경험을 만들어내고, 중첩된 정보는 환경에 추가되거나 자연환경의 일부를 가릴 수 있다. 오늘날 구글 글래스, 스마트폰 게임, 자동차 앞 유리의 헤드업 디스플레이HUD가 가장 잘 활용되고 있다. 이 기술은 의료, 공공 안전, 가스, 석유, 관광, 마케팅 등 다양한 산업 분야에서도 사용된다.

더욱 흥미로운 것은 증강현실이 우리에게 초능력을 제공해 모든 개인이 손가락을 튕기거나 눈을 깜박이면서 세상을 구하는 슈퍼맨이 될 수도 있다는 점이다. 각자가 지구를 구하는 슈퍼맨, 슈퍼우먼, 배트맨, 스파이더맨은 물론 셜록 홈즈나 포와로 같은 유명한 탐정도 될 수 있다는 데 남다른 매력이 있다.

③ 혼합현실 MR, Mixed Reality

메타버스에서 많이 등장하는 혼합현실은 이름에서 알 수 있듯이 가상현실과 증강현실을 모두 통합해 사용자에게 몰입하는 경험을 선사한다. 사실 가상현실과 증강현실은 각각 장단점이 있다. 가상현실은 몰입감이 높지만 현실과 무관하다. 반면에 증강현실은 현실 위에 가상 정보를 추가하지만 사용자들이 보고 체험할 수 있는 화면의 크기가 한정돼 있어 상대적으로 몰입감이 떨어진다.

이러한 가상현실과 증강현실의 단점을 보완하는 것이 바로 혼합현실, MR이다. 혼합현실은 가상 이미지와 홀로그램 이미지가 융합된 형태로, 사용자가 맞춤형 헤드셋을 착용해 감상할 수 있다. 사용자가 헤드셋을 통해 눈앞의 디지털 계시에 집중하기 때문에 사용자의 주변 시야는 시야 측면에서 차단된다. 또한 가상현실 헤드셋은 사용자가 가상세계의 소리에 집중할 수 있도록 물리적인 소리를 줄여준다.

가장 중요한 차이는 VR, AR은 시각에만 전적으로 의존하는데 비해 MR은 청각, 촉각 등 인간의 오감을 접목해 가상인지 현실인지 구분되지 않는 광범위하고 몰입감 있는 체험을 제공한다는 점이다.

④ 대체현실SR, Substitutional Reality

대체현실은 가상현실의 연장선에 있는 기술로 하드웨어가 필요 없이 스마트 기기에 광범위하고 자유롭게 적용할 수 있다. 현재와 과거의 영상을 혼합해 실존하지 않았던 상황의 인물이나 사진을 새롭게 구성한다. 영화 〈토탈 리콜〉, 〈인셉션〉, 〈포레스트 검프〉 등에서 사용한 장면이 이에 해당한다.

〈포레스트 검프〉에는 검프가 미국의 전 대통령 리처드 닉슨과 로버트 케네디를 만나는 장면이 나온다. 이 장면들은 검프가 실제로 대통령과 함께한 것처럼 보이도록 잘 만들어졌다. 이렇게 대체현실은 가상 세계의 경험을 실제인 것처럼 인식하게 하는 기술이다. 대체현실에서는 이용자가 실제가 아님을 인식하지 못할 정도의 정교함과 사실성을 보여준다는 것이 중요하다.

현재의 대체현실에서 한 발 더 나아가 가상현실과 인지 뇌과학을 융합하면 뇌 자극으로 현실인지 비현실인지 알지 못하게 할 수도 있다. 이런 기술은 사용자 기억을 대체하는 방식으로 트라우마를 치료할 수 있으며, 현실 경험이 필요한 각종 훈련이나 교육 분야에도 적극 활용될 수 있다.

⑤ 홀로렌즈Hololenz

홀로렌즈 기술은 MR 기반 웨어러블 장치로 기존 VR 기기처럼 시야을 완전히 덮는 방식이 아니라 반투명한 디스플레이로 주변 환경을 보면서 추가 정보나 이미지를 볼 수 있도록 한 장치다. 홀로렌즈를 메타버스 업무용 협업에 활용하면 사람들은 홀로렌즈에 작업하는 창들과 각자의 아바타가 보이므로 실제로 옆에서 함께 아이디어를 나누고 협업하는 느낌을 주어 업무 생산성을 높인다.

⑥ 확장현실XR, Extended Reality

확장현실은 현실과 가상 세계의 결합, 인간과 기계의 상호작용을 말하며 가상현실, 증강현실, 혼합현실과 같은 초실감형 기술과 미래에 등장할 신기술까지 포괄한다. 확장현실은 현실과 가상의 상호작용을 강화해 가상의 물체를 현실 공간에 구현하거나 현실의 물체를 인식한다. 한마디로 주변에 가상의 공간을 구현하는 등 실제와 같은 가상 체험을 제공한다.

확장현실이 주목받는 것은 이 기술을 활용하면 의료, 제조, 군사는 물론 환경에 대처할 수 있다. 즉 시뮬레이션으로 개선점이나 해결책을 사전에 발견해 적절한 조치를 취할 수 있다. 확장현실은 큰 틀에서 메타버스와 관련된 모든 기술을 통합하므로 메타버스를 확장현실로 설명하기도 한다.[26]

⑦ 메타버스의 인공지능AI, Artificial Intelligence

메타버스 시대에 인공지능의 역할은 매우 중요하다. 가상의 세계관을 만들어 하드웨어와 소프트웨어의 새로운 패러다임을 열고 있는 메타버스 시대를 도와주는 기술로, 사실 메타버스의 성공은 AI에 기반한다고도 볼 수 있다. 즉, 창의적 AI 기술이 메타버스 시대를 성공적으로 만들 수 있다는 것이다.

물리적 세계와 디지털 세계 사이의 연결을 개선하려면 사용 기자재들의 '지능'이 획기적인 수준으로 발달해야 한다. 인공지능이 일부 메타버스 경험에 매우 중요한 역할을 하게 된다는 뜻이다. 기계와 로봇이 우리를 이해하려면 자유로운 언어 처리를 지원할 수 있어야 한다. AI가 증강현실과 가상현실로 구현되어 보다 스마트한 몰입형 세상을 유도할 수 있기 때문이다.

인공지능은 엄청난 속도로 방대한 양의 정보를 분석해 그에 대한 조치를 취할 수 있다. 사용자는 의사 결정을 위해 AI를 활용하거나 AI를 자동화 기기와 연결해 접촉이 적은 프로그램으로 사용할 수 있다. 인공지능은 또한 컴퓨터 상상력, 예지력, 동시 위치, 매핑 기술 같은 것을 연계해 기계가 우리의 신체 환경을 인식하도록 지원한다. 인공지능에 대해서는 뒤에서 다시 설명하겠다.

4장

메타버스가 과연 실생활에
사용될 수 있을까?

많은 학자가 아직도 메타버스의 정확한 정의를 내릴 수 없다고 말하는 것은 그만큼 복잡한 요소가 들어 있다는 것을 의미한다. 한마디로 사람마다 생각이나 관점이 다르듯 메타버스에 대한 정의도 달라질 수 있다는 것이다. 그러나 메타버스라고 설명하려면 적어도 다음을 충족시켜야 한다고 말한다. 즉 메타버스가 의미하는 조건이다. 심재우 박사는 이를 다음과 같이 설명했다.

① 상시 연결성 : 언제 어디서나 실시간으로 인터넷에 연결되어야 하므로 기본이 되는 클라우드와 무선통신이 중요함.
② 상호작용과 사회성 : 다중의 이용자가 함께 참여하고 상호작용해 커뮤니티를 이룸.
③ 현실과 가상의 융합 : 현실 세계와 가상 세계를 실시간으로 연동하고 연결해 현실과 가상을 넘나드는 경험을 하며 동

시성을 가짐.

④ 아바타 : 이용자를 대신하거나 대표하는 분신 아바타가 포함됨.

⑤ 3차원 인터넷 : 2차원 평면이 아닌 3차원 입체 공간에서 증강현실로 구현됨.

⑥ 디바이스 디펜던트 : 가상 세계에 접속하기 위해 증강현실 도구로 착용하는 데 부담없는 HMD, 스마트글래스 등이 필요함. 또한 빠른 프로세싱으로 중단 없고 고해상도의 3차원 화면이 가능한 반도체, 디스플레이, 광학 기술이 제공되어야 함. 웨어러블 디바이스가 외부 컴퓨터와 케이블로 연결되지 않고 독립형으로 작동되도록 소형화한 내장형 컴퓨터와 OS도 필요함.

⑦ 생산 시스템 : 메타버스는 이용자나 소비자로 정리되는 것이 아니므로 그 안에서 자신만의 콘텐츠를 만들고 이용하고 경제적인 수익을 얻는 방안 제공.

⑧ 경제 시스템 : 메타버스 내에서 경제활동이 가능한 시스템 운용. 가상 부동산 등이 이에 준함.

SF 영화 〈마이너리티 리포트〉, 〈아이언맨〉, 〈매트릭스〉, 〈스파이더맨〉은 물론 소설, 애니메이션 등에서 묘사한 미래의 모습은 모두 조작되고 연출된 가공의 세계이다. 여기에서 보여준 세계가 바로 메타버스 세계이다. 그런데 현재 우리가 접하는 메타버스는 조작된 세계가 아니라 실제 구현되고 작동하는 세계라는 점이 다르다. 이는 소프트웨어, 하드웨어 기술이 발달하면서 SF 영화 속의 가짜가 현실의 진짜로 구현되기 때문이다.

메타버스는 현실 세계의 사회, 경제, 문화, 교육 활동이 이루어지는 3차원의 가상 세계이다. 여기에서 중요한 것은 모든 활동의 주체인 자신을 대신하는 아바타가 가상 세계를 만들어 다양하게 활동할 수 있는 공간을 만들어준다는 것이다.[27]

일부 학자들은 메타버스를 간단하게 하나로 정의할 수 없다고 말하면서도, 다음 중 일부를 포함하는 디지털 플랫폼으로 설명하기도 한다.

① 이전 웹 서비스 또는 실제 활동과 겹치는 기능 세트.

② 실시간 3D 컴퓨터 그래픽과 개인화 아바타.

③ 고정 관념의 게임보다 덜 경쟁적이고 목표 지향적인 개인 대 개인의 다양한 사회적 상호 작용.

④ 사용자가 자신의 가상 아이템과 환경을 생성할 수 있도록 지원.

⑤ 가상 상품에서 이익을 얻을 수 있도록 외부 경제 시스템과 연결.

⑥ 일반적으로 다른 하드웨어를 지원하면서 가상현실과 증강

현실 헤드셋에 잘 맞는 것처럼 보이는 디자인.

이 기준들 역시 메타버스를 완벽하게 설명하는 것은 아니다. 그러나 메타버스가 우리의 실생활과 신체가 더 확실하게 연결되어 있다고 느끼는 미래의 디지털 세상을 의미한다는 데는 이론이 없다. 이에 따라 지구촌에서 현재 수많은 메타버스의 아이디어가 4차 산업혁명의 중추로 실생활에 사용되고 있다.

현재 메타버스의 선두 주자급으로도 불리는 페이스북Meta 은 오늘날 인터넷의 개별 소셜 네트워크와 유사하며 더 크게 상호 연결된 메타버스가 작동하고 있다고 밝혔다. 그러나 메타버스는 한 회사가 단독으로 구축할 수 있는 단일 제품이 아니다. 학자들은 메타버스가 큰 호응을 받는 것은 개인이 필요한 서비스를 메타버스로 호출하기만 하면 그 어떤 서비스보다 활동 분야가 크게 제공되기 때문이라고 말한다. 이는 비공식적으로 메타버스를 앞에 나열한 기준을 충족하는 단일 플랫폼으로 설명해도 무방하다는 뜻이다.

흔히 기존의 인터넷에서 하던 게임이 아닌 가상 세계의 온라인 3D를 메타버스로 묘사한다. 이는 사용자 경험이 게임과 비게임 요소가 혼합된 가상 3D 공간에서 움직이기 때문이다. 이점에서 보자면 메타버스는 소수의 개발자나 기업의 전유물로 전락하지는 않는다는 특성이 있다.

우선 메타버스는 사용자가 온라인에 저장한 데이터를 개인이 제어할 수 있는 분산형 인터넷 서비스를 포괄해 제공한다. 또한 암호화폐, 대체 불가능한 토큰Non-fungible token, NFT(블록체인 기술을 이용해 디지털 자산의 소유권을 증명하는 가상의 토큰) 등도 활용한다. 많은 사람이 NFT야말로 메타버스의 일부라고도 한다.

가상토큰은 그 자체로 복잡하다. 가상토큰은 특정 가상 상품을 소유한 사람을 기록하는 방법이며, 가상 상품을 만들고 전송하는 것은 메타버스의 큰 부분이다. 그런데 가상토큰은 메타버스에 잠재적으로 유용한 금융 설계 방식이다. 예를 들어 메타버스 플랫폼 1에서 가상 옷을 구매하는 경우 가상토큰이 영구적인 영수증을 발급하며, 이를 활용해 메타버스 플랫폼 2에서 10까지 동일한 옷을 교환할 수 있다. 메타버스가 현실 세계가 아님에도 현실경제와 다름없는 거대 경제시장을 형성할 수 있다는 것이다.

놀라운 것은 유명세가 있는 수집 가능한 아바타가 천문학적인 금액으로 판매되고 있다는 점이다. 대부분은 소셜 미디어 프로필 사진으로 사용되는 2D 예술이다. 그러므로 메타버스 업체가 가장 주력하는 것은 사람들이 3D 아바타를 가상토큰으로 구매한 다음 여러 가상 세계에서 이를 마음껏 사용할 수 있도록 만드는 것이다.

메타버스 지원 기술

메타버스가 상상할 수 없을 정도로 파급되고 있다고 하지만, 학자들은 그 이면에 메타버스 관련 요소의 임계질량Critical Mass이 존재한다고 말한다. 이는 1995에 벌어졌던 인터넷의 임계질량과 비슷하다. 이는 메타버스의 기술이 동반되어야 한다는 지적이다.

기술적인 측면으로 볼 때 메타버스는 콘텐츠, 디스플레이, 오퍼레이팅 시스템 등이 융합되어 최종적으로 스크린의 한계를 뛰어넘어 3D로 구현된다. 더불어 메타버스는 PC 시대, 모바일 시대를 뒤이어 홀로그램 플랫폼 시대를 상징한다. 이에 대해 중국의 주자밍朱嘉明 박사는 메타버스를 지원하는 기술군 다섯 가지가 지원되어야 한다고 설명했다.

① 네트워크와 알고리즘 기술 : 메타버스의 핵심 기술이라 볼 수 있다. 여기에는 공간과 위치 인식, 시나리오 맞춤 알고리즘, 실시간 네트워크 전송, GPU 서버, 에지 컴퓨팅Edge Computing(사용자나 데이터가 위치한 근처에서 컴퓨팅을 하는 것) 등이 포함된다. 이들이 함께 연계되면 비용과 데이터 처리 시간을 줄일 수 있다.

② 인공지능 : 인공지능에 대해서는 4부 3장에서 별도로 설명
하겠다.

③ 게임 노하우 : 게임 프로그램 코드와 이미지, 음성, 애니메이
션 자원을 지원하는 게임 엔진

④ 디스플레이 기술 : 가상현실, 증강현실, 혼합현실, 확장현실
등의 기술을 지속적으로 향상해 몰입 경험을 단계적으로
높이고 감각의 상호작용을 심화하도록 함.

⑤ 블록체인 기술 : 스마트 계약Smart Contract을 통해 탈중앙화
된 결재와 정산 플랫폼을 안정화하고 가치 전달 메커니즘
으로 가치 귀속과 유동을 보장하며, 경제 시스템의 안정성,
효율성, 투명성, 확정성을 확보함.

이들 기술을 지원하기 위해서는 하드웨어 기술로 컴퓨터,
네트워크 장비, 집적회로, 통신 모듈, 디스플레이 시스템, 혼합현
실 기기, 정밀 광학 자율 시스템, 고화소 고해상도 카메라들이 필
요하다. 결국 메타버스가 마이크로·나노 가공산업, 하이테크 제
조업, 고정밀 지도 작업, 광학 제조 등 이른바 현대 산업 문명 모
두를 포괄한다는 뜻이다. 메타버스에 전 세계 경제계가 주목하
는 이유이다.[28]

폭발적인 메타버스 보급

코로나19 팬데믹 때문이든 아니든 메타버스가 폭발적으로 인간의 삶으로 들어왔다는 것은 메타버스가 사회 각 분야에 지대한 영향을 미치고 있음을 의미한다. 전문가들은 사람들의 65퍼센트 정도는 알게 모르게 게임 플랫폼을 통해 게임 내 TV 쇼나 영화 시사회를 보거나 라이브 콘서트에서 공동 작업하는 것과 같은 미디어에 참여한다고 한다. 또 69퍼센트는 사교 활동, 새로운 사람과의 만남, 게임 환경에서 가상 환경 방문과 같은 사회 활동에 참여하고 있으며, 72퍼센트는 게임 내 아이템 구매, 게임 내 화폐 투자, 디지털 마켓플레이스 쇼핑, 게임 환경에서 다양한 게이머 구매와 판매 같은 메타버스 금융 활동에 참여한다는 것이다.[29]

학자들에 따라 메타버스, 가상 환경은 애니메이션과 비슷하다고 설명하기도 한다. 그러나 애니메이션과 다른 점은 각 개인에게 맞춤형 버전을 불러일으킬 수 있다는 점이다. 이 버전은 직접적이지는 않지만 일반적으로 화면을 통해 보는 것보다 다른 사람들을 만나고 친분을 나누는 등 더 풍부한 관계를 맺을 기회를 제공한다.

메타버스가 얼마나 매력적인가는 사람들의 경험담에서도 확인할 수 있다. 일부 사람들은 실생활을 넘어 VR 안에서 더 많

메타버스의 큰 장점은 메타버스 기술이 적용될 분야가 그야말로 한계가 없다는 점이다.

은 실제 경험을 했으며, 어떤 사람은 VR에서 자신이 혼자가 아니고 손을 뻗고 이야기할 수 있는 사람이 있으며 이들과 의사소통이 가능했다고도 말했다.

메타버스의 큰 장점은 메타버스 기술이 적용될 분야가 그야말로 한계가 없다는 점이다. 예를 들어, 서울시가 '서울 비전 2030 계획'의 일환으로 만든 도시의 가상 복제본을 보자. 가상 환경에서 주민들은 시 공무원과 소통하고, 커뮤니티 행사에 참여하고, 박물관과 재건된 역사적 랜드마크를 방문할 수 있다.

잘 알려진 메타버스 환경 중 하나는 디센트럴랜드Decentraland다. 이것은 이더리움 블록체인으로 구동되는 가상현실 플랫폼이다. 누구라도 일반 웹브라우저로 쉽게 접근할 수 있다. 디센트럴랜드의 중요성을 파악한 삼성전자는 발 빠르게 여기에 최신 스마트폰을 공개하고 가상 매장을 열었다. 이는 메타버스가 전방위적으로 산업계와 연계될 수 있다는 것을 보여준다.

학자들 다수는 앞으로 메타버스의 전망이 매우 좋다고 일관되게 주장한다. 메타버스로 할 수 있는 일의 다양성이 크게 확장되어 진짜 몰입형 세상이 될 것이라고 본다. 이는 메타(페이스북)의 동향을 보아도 알 수 있다. 메타는 누구나 가상 세계를 구축해 타인과 어울릴 수 있으며, 다양한 세상 환경을 만들어 몰입감을 보다 더 줄 수 있다고 강조했다. 이를 위해 메타는 2021년 가상현실 고글 같은 메타버스 제품을 구축하는 데 100억 달러를 지출했고, 개발자들이 더 많은 가상 세계를 구축하도록 상당액의 개발자 기금을 발표했다.[30]

메타에서 엄청난 자금을 투입하는 것은 그만큼 경제성이 보이기 때문이다. 메타는 2021년에 게임 여덟 개로 수익을 2000만 달러 이상 창출했으며, 120개 이상의 가상현실 게임으로 수익을 수백만 달러 얻었다고 밝혔다. 2021년 매출이 2020년보다 두 배 증가했는데, 앞으로 더욱 폭발적으로 증가할 것으로 전망했다. 메타가 메타버스의 미래를 예상해 회사 이름을 페이스북에서 메타로 바꾼 이유다.

현재 많은 개발자가 메타버스에서 공을 들이는 부분은 일반 사용자가 자신이 디자인한 제품으로 수익을 창출할 수 있는 도구를 추가하도록 유도하는 것이다. 사용자가 더욱 자유롭게 만들고 협업할 수 있는 발판을 제공하는 것이다. 개발자가 아바타 용 옷은 물론 비디오 게임용 자동차에 이르기까지 가상 세계에 서 만드는 제품에서 재정적으로 이익을 얻는다면 메타버스가 인 터넷 속에서 새로운 차원의 세상을 만들 수 있다.

2부

메타버스 풀어보기

메타버스는 새로운 서비스의 출현과 시대적 환경 변화에 따라 계속 진화하며 광범위한 의미로 사용되고 있다. 메타버스로 현실과 가상의 경계가 허물어지며 현실 세계와 가상 세계의 경제·사회·문화 활동이 상호 연결되고 있기 때문이다.

4차 산업혁명 시대로 진입한 현실은 디지털 기술의 발전과 새로운 플랫폼의 성장으로 대변된다. 정보통신기술Information and Communications Technology, ICT 산업은 새로운 기술의 출현과 함께 새로운 가치의 창출을 통해 기업이 성장하고 파격적 혁신이 이루어지며 진화와 발전을 요구한다. 또한 컴퓨팅 성능의 향상과 통신기술의 발달이 새로운 제품·서비스의 수요를 촉발해 기술개발 투자 확대로 이어지며, 선순환 발전과 데이터, 5G 네트워크, AI, 블록체인, 디지털 트윈, 클라우드 등 주요 기술의 발달과 상호 융합을 통해 메타버스를 구현하는 속도도 더 빨라지고 있다.

학자들은 메타버스가 스마트폰에 이은 차세대 플랫폼으로서 ICT 패러다임의 변화를 가져오며, ICT 생태계 전반을 혁신하는 촉매제 역할을 할 수 있다고 말한다. 글로벌 빅테크(구글, 페이스북, 카카오처럼 첨단 기술과 플랫폼 서비스를 기반으로 하는 대형 정보기술 기업)들이 메타버스가 가져올 ICT 생태계의 경쟁 구도 재편 가능성에 대비해 새로운 시장을 선점하기 위한 전략 등을 모색하는 이유이다.

일부 학자들은 메타버스를 사람들이 아바타 형태로 거주하고 마치 우주에 있는 것처럼 탐색할 수 있는 3D 가상 세계를 구축하기 위해 만든 소프트웨어라고 소개한다. 물리적 환경, 웹을 통해 블록체인 기술로 구동되고, 웹브라우저, VR이나 AR 헤드셋을 통해 접근할 수 있고, 자신만의 작은 조각들을 맞추어 나갈 수도 있다는 것이다.

학생들은 메타버스가 가상 세계와 현실 세계를 접합한 것이라면, 그 본체는 무엇으로 구성되어 있느냐고 궁금해했다. 학생들의 질문을 토대로 설명한다.

1장

가상현실 헤드셋은
무엇을 의미할까?

학생들이 제일 먼저 헤드셋이 무엇이냐고 질문한 것은 상당한 의미가 있다. 메타버스를 이용하려면 기본 기기가 필요한데, 그 중 가장 중요한 것이 헤드셋이기 때문이다. 가상현실 세계는 기본적으로 헤드셋에서부터 시작한다고 볼 수 있다. 자전거나 오토바이 경주자들이 머리에 헬멧을 쓰는 것과 다름없다고 생각하면 된다. 헤드셋이 있어야 가상 세계로 진입할 수 있다는 데는 의문의 여지가 없다.

가상현실 헤드셋은 사용자가 시뮬레이션된 환경과 상호작용하고 1인칭 시점FPV을 경험할 수 있는 '헤드업 디스플레이HUD'로 설명한다. 가상현실 헤드셋은 사용자의 자연환경을 영화나 게임, 사전 녹화된 360도 가상현실 환경 같은 콘텐츠로 대체해 사용자가 실제 현실 세계에서처럼 돌아보고 둘러볼 수 있게 해준다. 대체로 가상현실 헤드셋에는 두 눈 각각에 별도의 이

가상현실 헤드셋은 사용자가 실제 현실 세계에서처럼 돌아보고 둘러볼 수 있게 해준다.

미지를 제공해 사물이 입체적으로 보이도록 하는 기술을 적용한다. 움직임을 감지하는 자이로스코프, 가속도계 같은 도구가 동작을 모니터링할 수 있도록 한다.

초기 가상현실 헤드셋은 인터넷 게임의 맥락에서 등장했다. 곧이어 의료와 군사 훈련, 기타 목적으로 사용되면서 보다 더 정교해지고 부속 장비도 빠르게 발전했다. 물론 초기에는 VR을 경험하기 위해 필요한 중계단말기 하드웨어가 비싸고 부피가 컸으며 전력을 많이 소모했다. 오늘날은 스마트폰을 고정하는 고글인 모바일 가상현실 헤드셋을 착용하고 VR 웹을 사용한다. VR 웹은 시선 추적, 적외선(IR) 센서, 자이로스코프, 가속도계 같은 기술을 통합해 사용자들의 관점을 자연스럽게 이동시키는 것이다.

모바일 웹에는 스테레오 사운드를 포함하는 경우가 많으며, 중계단말기 웹에는 서라운드나 3D 사운드가 포함될 수 있다. 모든 VR 웹과 헤드셋을 개발할 때는 사용자의 방향 감각 상실, 두통이나 메스꺼움을 줄이기 위해 대기하는 시간을 제거하는 것을 포함하는데, 그중에서도 제조 회사들이 가장 중요하게 생각하는 것은 사용자들이 헤드셋 자체를 잊어버릴 정도로 실제와 같은 경험을 제공하도록 만드는 것이다.[1]

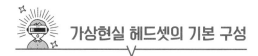

가상현실 헤드셋의 기본 구성

VR 헤드셋은 렌즈, 센서, 커넥터 포트를 비롯해 많은 부품으로 구성된다. 일반적으로 눈앞에 렌즈를 놓고 머리 위에 착용하는 장치는 스마트폰, 게임 콘솔, 컴퓨터 등의 그래픽 장치처럼 이미지를 생성한 뒤 눈에 투영하는 기능을 한다. 헤드셋을 통해 3D 이미지, 동영상, 환경을 좌우, 중앙, 위, 아래 모든 방향에서 탐색할 수 있다.

외형적으로 보면 VR 헤드셋은 간단하다. 이미지를 3D로 재현하는 통합 컴퓨터 장치는 없지만 그 대신 이미 생성된 3D 이미지나 비디오, 환경을 실물 크기 이미지로 확대해 보다 몰입하게 하는 렌즈가 있다.

1. 보드형 VR 헤드셋은 이미지만 확대하는 렌즈와 사용자가 3D 환경이나 콘텐츠의 제어점을 보는 것만으로도 응시 모드로 콘텐츠를 탐색하는 렌즈가 있다. 또한 헤드를 회전함으로써(회전 추적) 사용자는 스마트폰을 카드보드 장치에 삽입하고 3D 환경을 즐길 수 있다.[2]

2. 보다 단순한 VR 헤드셋은 3D 오디오와 손이나 신체 추적 기능이 없다. 그래서 반감지라고 부른다. 반감지 헤드셋은 사용자가 머리와 손을 넘어 몸의 나머지 부분을 움직일 때 문제점이 드러난다. 사용자가 현실 세계에서 한 발짝 앞으로 나아가면 전체 VR 환경이 움직이지만 이러한 움직임을 감지하지 못한다.

3. 현재 가장 앞선 VR 헤드셋에는 렌즈와 센서, 컨트롤러가 있다. 센서와 카메라는 위치 추적, 동작 추적에 사용된다.

4. 위치와 모션 추적 프로그램은 VR 환경에서 사용자, 사용자의 신체 또는 손의 위치를 지정해 사용자가 VR 환경 내에서 신체를 이동하고 물체를 이동할 수 있도록 도와준다. 이를 6자유도라고 한다. VR의 종류를 룸스케일 VR이라고 하는 이유는 머리를 회전하고 컨트롤러를 사용해 콘텐츠를

탐색하는 것 외에도 사용자가 실제 세계에서 자유롭게 이동할 수 있고 결과적으로 VR 환경에서 추적되기 때문이다. 이동하면서 가상 환경에서 개체를 이동할 수도 있다는 뜻이다.

5. 센서는 손으로 조작하는 컨트롤러에 위치하거나, 신체에 배치 또는 착용하거나, 헤드셋 자체에 통합하거나, 실내에 배치해 헤드셋, 컨트롤러와 관련된 사용자의 위치와 동작을 추적할 수도 있다. 컨트롤러에는 손가락 움직임이나 손 제스처를 감지하는 센서가 포함될 수 있다.

6. 입력용 도구로는 컨트롤러의 버튼, 게임 패드, 키보드, 마우스 버튼이 있다. 이것들은 손, 눈, 머리나 몸의 신호를 중계해 시스템에 입력하고 사용자가 VR 콘텐츠를 제어하거나 조작할 수 있도록 하는 데 사용된다. 예를 들면 VR 게임에서 플레이할 때 가상 총으로 캐릭터를 쏘는 경우 등이다.

VR 헤드셋의 종류

VR 헤드셋은 가격, 몰입과 경험 수준, 다른 장치와의 연결 유형,

장치를 사용할 때 사용자의 움직임과 위치를 추적하는 방법에 따라 구분된다.

1. 테더링

테더링은 스마트폰 등 인터넷에 연결된 기기를 통해 노트북이나 다른 기기를 인터넷에 연결해주는 기술이다. 대만의 스마트폰, VR 제조업체 HTC의 바이브 프로 같은 유형은 USB나 고화질 인터페이스 케이블을 통해 컴퓨터에 연결하거나 중계해서 사용한다. 이렇게 연결된 강력한 PC는 3D나 가상현실 환경을 처리하고 헤드셋으로 전송해 이를 확대하고 사용자와 주고받는 기타 입출력도 관리한다.

2. 독립 실행형

독립 실행형은 PC나 스마트폰 등의 외부 연결이 필요 없지만 통합 컴퓨터, 프로세서, 센서, 배터리, 저장 메모리, 디스플레이와 함께 제공된다. 한 번 묶이면 별도의 장치로 작업할 수 있다는 뜻이다.

3. 스마트폰

앞의 두 범주보다 다소 약하지만 스마트폰 헤드셋에는 렌즈와 때로는 센서가 포함된다. 사용자가 VR 웹을 즐기기 위해서는

VR 지원이나 스마트폰을 사용해야 한다. 자이로스코프 센서와 가속도계가 있는 스마트폰은 이러한 헤드셋으로도 보다 좋은 몰입 경험을 얻을 수 있다.

VR 헤드셋 유형

가상현실 관련 기술기업 오큘러스 VR에서 개발한 가상현실 헤드셋 리프트Oculus Rift는 VR 스타트업이 성공하게 만든 장본인이다. 리프트는 머리에 장착하는 기기로, 사용자가 3D 공간을 통해 물리적으로 이동할 수 있는 위치 지정 기술과 함께 작동하며 터치 컨트롤러가 있다.

마이크로소프트의 홀로렌즈Hololens는 독립 실행형 VR 헤드셋이다. 홀로렌즈는 3D 공간화 사운드, 와이파이, 120도 공간 감지 시스템이 있는 키넥트Kinect 와 유사한 카메라, 자이로스코프와 가속도계, 양쪽 눈을 위한 투명 스크린을 갖추고 있다.[3] 한편 플레이스테이션PlayStation VR(가상현실)은 PC가 아닌 플레이스테이션 4에서 작동한다.

구글 카드보드Cardboard는 일반 보드지로 만든 저가형 스마트폰 컨테이너이다. 원래 오픈 소스 모델을 기반으로 하는 저렴한 헤드셋을 공급한다. 삼성에서 출시한 기어 VR도 이에 도전했는데, 휴대폰의 처리 능력을 사용하는 스마트폰 컨테이너라 볼 수 있다. 고급형 삼성 갤럭시 모델에서 작동하는 시스템은 오큘러스 VR과 공동으로 개발되었다.

VR 헤드셋을 작동시키는 센서

머리 움직임을 추적하기 위해서는 센서가 내장된 VR 헤드셋에서 6자유도6degrees of freedom, 6DOF로 알려진 것이 머리 추적을 작동시키는 데 사용된다. 이 시스템은 기본적으로 머리를 X, Y, Z 평면에 표시하고 앞뒤로, 옆으로 머리 움직임을 측정한다. 여섯 개의 초점 심도가 작동하도록 하는 센서는 자이로스코프, 가속도계, 자력계이다. 소니 VR 헤드셋은 외부 카메라로 추적되는 외부에 배치된 LED를 사용해 VR에서 머리의 매우 정확한 위치를 측정하기도 한다.

헤드셋이 현실감 있게 작동하기 때문에 인간의 두뇌가 가상 공간에 있다고 생각할 정도로 발전되었지만, 여기서 중요한 것은 지연과 응답 속도에 차질이 있어서는 안 된다는 점이다. 학자들은 이를 위해 머리 추적 움직임이 50밀리초millisecond, ms(1밀리초는 1000분의 1초) 미만이어야 한다고 강조한다. 그렇지 않으면 우리의 두뇌가 뭔가 이상하다고 생각하며 심지어는 병에 걸릴 수도 있다고 말한다. 이 응답 속도와 함께 화면의 재생 빈도는 60~120fps(fps는 1초 동안 보이는 화면 수) 이상으로 높아야 한다. 높은 응답률이 없다면 VR 헤드셋은 메스꺼움을 유발한다고 알려진다.

사실감을 완성하기 위해 대부분의 가상현실 환경은 바이노럴이나 3D 오디오를 활용해 가상 환경의 완전한 시청각 환경을 만든다. 이것은 단순히 헤드셋을 착용함으로써 이루어지지만 사운드 자체는 위치 센서의 피드백에서 소프트웨어를 통해 조정된다.

프리미엄 VR 헤드셋에는 모션 추적 기능이 있는 반면 저렴한 헤드셋에는 정적 또는 모션 활성화 시점이 있고 게임 컨트롤러처럼 더 많은 수동 입력이 필요하다. 헤드 트래킹은 이러한 헤드셋을 더욱 고급스럽게 만들어 사용하는 것을 더욱 실감나게 만드는 핵심 기능 중 하나이다.[4]

헤드셋의 작동 원리

VR 헤드셋의 목표는 인간의 두뇌를 속여 디지털과 현실 사이의 경계를 흐리게 하는 실제와 같은 가상 환경을 3D로 생성하는 것이다. VR 헤드셋용 비디오는 스마트폰 화면, 컴퓨터의 고화질 인터페이스 케이블을 통해 게임 엔진에서 공급되거나 헤드셋의 화면과 프로세서를 통해 기본적으로 표시된다. VR 화면에 배치된 비디오나 이미지는 3D 관점을 생성하기 위해 각 눈에 대한 개별 보기와 함께 둘로 분할된다. 모든 VR 헤드셋 화면은 화면과 눈 사이에 렌즈를 사용한다. 이것은 화면에 표시되는 이미지를 우리 눈에 더 생생한 이미지로 왜곡하는 데 도움이 되기 때문이다.[5]

VR 헤드셋의 과학적인 원리는 매우 단순하다. 헤드셋의 렌즈는 평면 스크린의 사진을 입체 3D 이미지로 만든다. 헤드셋의 각도와 렌즈 유형이 사진을 입체적으로 보이도록 한다. 렌즈는 양쪽에 하나씩 있는 두 개의 독립적인 이미지를 우리 눈이 실제 세계를 볼 때의 모양으로 왜곡한다. 여기서 각 눈의 실제 이미지는 서로 약간 떨어져 표시된다. 헤드셋에서 한쪽 눈을 앞뒤로 감으면 VR의 물체가 앞뒤로 춤추는 것을 볼 수 있다. VR을 3D로 만드는 것은 이 원리를 활용한 것이다.

VR의 가장 중요한 역할은 사용자가 3D로 보는 것은 물론 360도로 주위를 둘러보고 이미지, 비디오가 머리를 움직이는 방식에 반응하도록 한다는 사실이다. 이런 일이 발생하면 화면이 물리적으로 움직이는 것이 아니라 화면에 표시되는 것이 움직인다. 따라서 이 환상이 작동하려면 고도의 기능을 가진 센서와 소프트웨어 디자인의 조합이 필요하다.

많은 제작자가 VR과 헤드셋 장치를 개발하고 있지만 아직도 부족한 부분이 있는 것은 사실이다. 우선 헤드셋을 포함한 가상현실 하드웨어가 대부분 고가라는 점이다. 게다가 현재 사용 중인 소수의 하드웨어만 가상현실 콘텐츠와 플랫폼을 지원할 수 있다.

헤드셋을 사용할 때 느끼는 불편함도 빨리 해결해야 할 문제이다. 헤드셋을 오래 사용하면 메스꺼움도 생기고 어지러움, 머리나 눈의 불편함, 통증, 졸음, 피로, 발한, 손과 눈의 협응 장애, 균형 장애 등이 생길 수 있다고 알려진다. 특히 멀미, 메스꺼움, 현기증 등은 시선과 움직임의 '인지 부조화' 때문에 발생한다.

현실의 나는 앞을 향해 가지만 가상현실 속 나는 다른 방향으로 움직이거나 하늘을 나는 등의 행동을 취하면, 뇌에서는 감각을 보호하기 위해 신호를 보낸다. 바로 멀미이다. 일종의 보호 기제 같은 것인데, 사실 이것이야말로 메타버스 보급의 가장 큰 걸림돌 중 하나이다. 현재 일부 회사에서는 시선과 움직임을 일치시키는 방법을 적용해 이 문제를 해결하고 있지만, 아직 완벽한 상태는 아니다.[6] 이 문제는 4차 산업혁명의 핵심으로 부상한 메타버스가 해결해야 할 근본적인 문제점이므로 앞으로 커다란 진전을 보일 것으로 생각한다.

2장

메타버스에서
아바타란 무엇일까?

어원학적으로 '아바타avatar'라는 단어는 '하강'을 의미하는 산스크리트어 '아바타라'에서 유래한다. 신들이 하늘에서 땅으로 내려와 인간 같은 형태를 취한다는 뜻이다. 그런데 컴퓨팅에서의 아바타는 인터넷 사용자와 게이머가 환상적인 그래픽으로 표현해 1980년대에 대중화되었다. 1985년 '아바타'라는 게임에서 환상적인 사실감을 불러일으켰는데, 이 게임은 사용자들에게 화면 표현에 대한 필요성을 확고히 확립시키는 데 성공했다. 사용자가 환상적인 그래픽 화면에 정확하게 표시되는 자신을 본다면, 게임에서 일어날 수 있는 윤리적 문제를 더 인지하고 몰입형 방식으로 콘텐츠를 경험하게 할 수 있다는 데서 출발한 아이디어이다.[7]

2009년 12월 〈터미네이터〉, 〈타이타닉〉으로 유명한 제임스 카메론 감독의 영화 〈아바타〉가 개봉됐다. 이 영화는 현재까지 개봉한 전 세계 모든 영화 중 박스오피스 1위라는 명예로운 기록을 가지고 있다. 영화 〈아바타〉가 공개된 이후 사람들은 '아바타' 하면 바로 이 영화를 떠올린다.

〈아바타〉는 영화사에 새로운 획을 그은 작품으로 높은 평가를 받으며 대다수 평론가에게 극찬을 받았다. 일부 평론가는 그다지 돋보이지 않는 평범한 스토리지만 독보적인 영상미로 수많은 사람의 호기심을 자극했다고 설명했다. 이는 3D 모션 캡처 기술을 사용해 나비족이라는 가공의 캐릭터, 즉 아바타를 만든 공이 크다는 것을 의미한다. 메타버스에서 이야기하는 아바타와 전적으로 같다고는 볼 수 없지만 아바타가 무엇인지는 어림잡을 수 있을 것이다.[8]

영화 〈아바타〉를 통해 이제 많은 지구인은 '아바타'가 무엇인지를 알게 되었다. 하지만 메타버스의 아바타는 가상현실의 게임과 원천적으로 다르다. 물론 기존의 게임에서도 이용자를 대신하는 주인공이 등장해 가상의 적을 상대로 전쟁을 하면서 자신이 죽임을 당하거나 상대방을 죽인다. 그러나 게임 속 주인공은 자유도가 매우 낮다는 한계가 있다. 주인공이 선택할 수 있는 상황이나 경우의 수가 매우 적은데, 이는 게임 개발 엔지니어가 게임을 개발할 때 규정한 틀에서 벗어나지 못하도록 설계했기 때문이다.

이러한 게임과는 달리 사용자의 자유도 면에서 메타버스는 획기적인 아이디어를 제공한다. 메타버스에서는 게임의 주인공을 대신하는 아바타가 등장하는 것이다. 아바타는 사용자와 실시간으로 연결되어 사용자의 선택이나 행동에 따라 움직인다. 메타버스에서 자유도가 높은 것은 개발자가 게임 안에서 임의로 사용자의 선택이나 행동을 제한하거나 의도한 대로 조종할 수 없기 때문이다.

아바타는 가상 공간이나 게임 세계에 있지만 아바타의 행동과 결정은 사용자와 같기 때문에 소셜 미디어에서도 같은 원칙이 적용된다. 아바타는 사용자의 그래픽 화면이나 가상 현상이며, 기술적으로는 움직일 수 있는 팔다리, 상체와 하체, 표현할 수 있는 인간 형태 같은 로봇이다. 그래서 인간과 비슷한 기능을 가진 모습이나 형태를 취할 수 있다. 이러한 전제 조건을 통해 아바타는 실제 세계의 모습과 비슷하거나 다를 수 있다.

한편으로 개발기업 전반의 VR 애플리케이션에는 특정 사용 사례의 필요에 따라 실현되는 아바타가 있다. 예를 들어, 스포츠 VR 게임에서는 아바타의 움직임이 지연 없이 부드럽게 실현되며, 너무 많은 세부 사항이 필요 없이 떠 있는 머리와 몸의 표현만으로도 충분하다.

작업을 위한 협업 VR 설정에서 컴퓨팅 리소스는 효과적인 의사소통을 위해 아바타의 표정과 몸짓을 표현하는 데 적용될 수 있다. 결국 아바타는 인공지능, 정교한 모델링 기술을 사용해

아바타는 사용자의 그래픽 화면이나 가상 현상이며, 기술적으로는 움직일 수 있는
팔다리, 상체와 하체, 표현할 수 있는 인간 형태 같은 로봇이다.

가상 공간에서 인간의 특징과 움직임을 정확하게 표현하는 초현
실적인 3D 특징으로 발전될 가능성이 매우 높다.[9]

큰 틀에서 아바타는 사람 형태를 디지털로 표현한 것이다.
아바타는 우리 몸처럼 육체적으로 변화될 수는 없으므로 오직
디지털 영역에서만 살 수 있다. 그러나 비록 가상현실 안에서이
지만 아바타는 인간의 속성을 부여받았기에 인간과 다름없는 형
태와 모양을 취할 수 있다. 이런 아바타의 중요성은 많은 학자가
인간이 디지털 세계의 이쪽저쪽을 돌아다니며 탐험할 유일한 방
법이라고 설명하는 것으로도 알 수 있다. 아바타는 메타버스에
입장하기 위한 티켓 기능도 하는데, 이는 이미 만들어진 기본 프
로세스를 통할 수 있다는 뜻이다. 가상 공간에 완전히 연결하려

면 VR 고글 등의 수용 도구가 필요하며, 이 도구들을 통해 우리는 의사소통에 필요한 신체 감각을 느낄 수도 있다.[10]

메타버스 소프트웨어 시스템이 가상 환경을 위한 아바타를 생성하는 방법은 여러 가지이다. 3D나 2D도 가능하다. 최근 몇 년 동안 가상현실과 센서를 사용해 현실 세계의 움직임을 복제할 수 있는 하드웨어와 소프트웨어 시스템이 등장해 3D 아바타가 지배적인 형태가 되었지만, 대체로 다음 두 가지 유형 중 하나를 사용한다.

① VR(가상현실) 아바타

VR 아바타는 일반적으로 사용자가 아바타의 관점에서 세상을 보는 1인칭 표현이다. 가상 세계의 다른 참가자는 팔과 아바타의 상반신 부분을 볼 수 있지만 하체는 볼 수 없다. 복잡한 다리 움직임이나 공간 내 이동성이 필요하지 않은 대부분의 기본적인 VR 앱에서 이 유형을 찾을 수 있다.

② 전신 아바타

전신 아바타에서 센서는 운동학 시스템을 통해 전신의 움직임을 복제하고 재현하는 데 사용된다. 사용자는 가상 세계 내에서 더 자유롭게 이동하며 모든 팔다리를 사용해 디지털 자산과 상호작용할 수 있다. 정교한 VR 게임은 대체로 이 유형을 사용한다.

메타버스의 중심이 아바타라는 데는 의심의 여지가 없다. 메타버스는 아바타 없이는 존재할 수 없다. 이는 메타버스가 가상 공간을 사용하고 많은 시간을 상주하는 사람들이 보고 느끼는 공간인 동시에 아바타가 메타버스의 많은 기능을 작동토록 만들어주기 때문이다.

예를 들어 사용자는 게임 챌린지에 도전하고 지갑 서비스에 저장된 토큰을 획득할 수 있다. 또 가상 시장을 방문하고, 금고를 통해 저장할 자산을 구매할 수도 있다. 아바타가 이러한 서비스가 가능토록 해주는 요소이다.

기업들 중 아바타 활용에 가장 적극적인 곳이 메타와 마이크로소프트이다. 메타는 현재 가상 세계에서 놀라운 정확도로 인간의 모습을 재구성하는 코덱스 아바타를 실험하고 있다. 실제 인간의 행동을 구현하는 센서 정보축적은 아바타가 실시간으로 스스로를 재생성하는 신경망을 구축하고 있다. 메타는 또 인체 해부학 관련 데이터를 축척하고 활용하기 위해 몸에 착용해 보내는 정보를 아바타가 받아 행동하게 하는 물리학 기반 아바타를 연구하고 있다.

마이크로소프트는 3D 아바타 서비스를 제공하는데, 아바타 게임에서 메타를 다소 앞선다. 마이크로소프트는 놀랍게도 웹캠이 꺼져 있을 때에도 모임 참가자에게 표시되는 개인화된 아바타를 만들 수 있다. 마이크로소프트 아바타는 인체 해부학과 얼굴 구조를 기반으로 표현돼 메타와는 다른, 거의 디즈니 스타일의 미학을 가지고 있다는 장점이 있다. 물론 마이크로소프트의 아바타는 마이크로소프트사의 메타버스 제품인 메타를 통해서 접근할 수 있다.[11]

그런데 이들 두 회사가 세계의 아바타 분야를 관장하는 것은 아니다. 다소 놀랍지만 아바타 분야는 이들 대기업과 속성이 전혀 다른 소셜 미디어에서 블로거들이 급격히 부상하고 있다. 거대한 팔로우를 보유한 블로거들이 온라인 아바타를 사용해 돈을 벌 수 있다는 말이다. 예를 들어 인스타그램 팔로워 수가 300만 명이 넘는 사람이 인용한 아바타는 2020년 개발회사의 유료 프로모션을 통해 무려 약 1000만~1200만 달러의 수익을 올렸다고 알려진다.

한 몰입형 컨설팅 회사는 NFT(대체 불가능 토큰) 아바타가 e-스포츠 경기의 마스코트나 회사의 쇼에 참가한 음악가처럼 활용될 수 있다고 설명했다. 메타버스의 음악가가 AR을 통해 메타버스에서 공연하고 AR 지원 가상 공연에서 수입을 올릴 수 있다는 것이다. 아바타가 유명하든 그렇지 않든 사용자는 이 유사성을 이용해 자신의 의류 라인이나 액세서리 브랜드를 홍보하고, 온라인 이벤트를 주최하고, 메타버스에 개인으로 출연하거나 공연 등에 참여할 수 있다.

참고로 〈아바타〉가 흥행에 크게 성공했기에 곧바로 2편이 출시될 것으로 생각했지만, 2022년에야 〈아바타: 물의 길〉이 개봉되었다. 이처럼 출시가 늦어진 것은 때마침 코로나19가 발생해 전 세계적인 팬데믹으로 번졌기 때문이다. 연기에 연기를 거듭한 끝에 개봉한 〈아바타: 물의 길〉의 흥행은 매우 순조로워 개봉 당시 세계적으로 박스오피스 1위를 차지했다. 아바타의 위용을 알 수 있는 대목이다.

3장

메타버스에서 NFT란

무엇이며 어떻게 사용될까?

대체 불가능한 토큰, NFT_{Non-fungible token}는 블록체인 기술 활용을 기반으로 한다. 블록체인은 NFT의 소유권과 거래를 관리하는 스마트 계약 생성에 필수적이기 때문에 NFT의 핵심 구성 요소이다. 반면에 메타버스는 매우 개방적이고 영구적이며 공유되고 참여도가 높은 인터넷 구축을 목표로 구축된 광대한 우주라고 할 수 있다. 대체 불가능한 토큰의 특징에는 불변성, 대체 불가능성, 보안이 포함된다. 이에 비해 메타버스는 탈중앙화, 사용자 식별, 창의적 경제, 경험 등 다양한 특성을 제공한다.

NFT와 메타버스의 기원

NFT의 역사는 크립토펑크_{CryptoPunks}로 처음 소개된 2017년으

NFT가 도입되면서 자산 소유권의 분산을 촉진하는 새로운 혁신을 가져왔다.

로 거슬러 올라간다. 크립토펑크는 캐나다의 소프트웨어 개발자 맷 홀과 존 왓킨슨이 개발한 프로젝트로, 이더리움 NFT를 기반으로 한다. NFT의 뿌리는 고유한 소유권을 가진 새로운 블록체인 기반의 자산 개발 가능성을 보여주었다. 결과적으로 NFT가 도입되면서 자산 소유권의 분산을 촉진하는 새로운 혁신을 가져왔다.

목표 측면에서 보면 메타버스에는 단일 목표가 부족하다. 이는 분산화를 강화하고 여러 추가 사용 사례를 가능하게 한다. 메타버스는 현실 세계에서의 탈출을 묘사한다는 점에서 공상과학 소설에서 유래한다고 볼 수 있다.

NFT와 메타버스의 또 다른 특징은 유용성이다. NFT와 메타버스 플랫폼은 최고의 NFT를 획득하기 위한 NFT 시장과 같은 여러 플랫폼이 있다. 그중에서 구매하기 전에 각 토큰의 사양을 확인할 수 있는 최대 규모의 NFT 마켓플레이스가 있다. 메타버스는 다양한 플랫폼을 통해 액세스할 수 있다. 사용자가 메타버스 플랫폼에 접근하려면 선호하는 VR 또는 XR 장치 컬렉션만 있으면 된다.

메타버스 NFT 활용의 예

메타버스 관련 기술이 계속 발전하면 향후 메타버스에서 NFT를 활용할 가능성이 더욱 높아질 것이다. 다음은 메타버스에서 NFT가 수행하는 역할의 몇 가지 예를 살펴본다.

① 가상 부동산 : NFT는 메타버스의 가상 토지나 자산의 소유권을 나타내는 데 사용할 수 있다. 사용자가 토지를 구입하고 자신만의 가상 세계나 경험을 구축할 수 있다는 것이다.

② 게임 내 아이템과 수집품 : NFT는 게임과 기타 가상 경험에서 고유한 아이템이나 수집품을 구입하는 데 사용할 수 있다.

③ 예술품과 수집품 : NFT는 디지털 예술, 음악 등 기타 형태의 디지털 수집품에 대한 소유권을 나타내는 데 사용할 수 있다. 예를 들어 아티스트가 자신의 NFT를 만들고 판매할 수 있다.

④ 가상 캐릭터와 아바타 : NFT는 메타버스에서 가상 캐릭터나 아바타의 소유권을 나타내는 데 사용할 수 있다. 예를 들어 사용자가 자신의 아바타를 구매하거나 맞춤 설정하고 이를 사용해 가상 세계에서 다른 사람과 상호 작용할 수 있다.

⑤ 가상 티켓팅과 이벤트 관리 : NFT는 이벤트 티켓이나 패스, 가상 이벤트나 경험에 대한 기타 유형의 액세스를 나타내는 데 사용할 수 있다. 예를 들어 가상 음악 콘서트에서 콘서트 티켓으로 NFT를 발행한다. 티켓 소지자는 콘서트를 관람하고, 아티스트를 만나고, 기타 혜택을 받는 권리를 갖는다.

이는 메타버스에서 NFT의 많은 잠재적 사용 사례 중 몇 가지 예일 뿐이다. 메타버스의 기술과 개념이 계속 발전하고 있기 때문에 앞으로 새로운 사용 사례가 나타날 것이다.

메타버스 NFT의 구매

① 마켓플레이스 : 메타버스 NFT 판매를 전문으로 하는 다양한
마켓플레이스가 있다. 이러한 마켓플레이스에서는 아티스
트, 게임 개발자, 기타 제작자가 만든 NFT를 검색하고 구
매할 수 있다.

② 메타버스 플랫폼 : 일부 메타버스 플랫폼에는 사용자가 가상
토지 등 NFT를 사고팔 수 있는 내장 마켓플레이스가 있다.
일부 제작자는 마켓플레이스를 사용하지 않고 NFT를 구
매자에게 직접 판매하기로 선택할 수도 있다. 이는 웹사이
트, 소셜 미디어 또는 기타 채널을 통해 이루어질 수 있다.

③ 메타버스 지갑 : 메타마스크, 트러스트 월렛 등과 같은 일부
디지털 지갑에는 NFT를 사고팔 수 있는 기능이 있으므로
지갑에서 직접 NFT를 구매할 수 있다. 메타버스 NFT를 구
매할 때는 평판이 좋은 판매자로부터 구매하고, NFT를 보
관할 안전한 지갑이 있는지 확인하는 것이 중요하다. 사기
나 사기 가능성 등 NFT 구매와 관련된 잠재적인 위험을 항
상 인지하고 있어야 한다.

NFT를 구매하려면 적합한 암호화폐가 포함된 암호화폐 지갑이 필요하다는 점을 명심해야 한다. 대부분의 NFT는 이더리움으로 판매하지만 바이낸스 코인, 비트코인, 라이트코인 등과 같은 다른 암호화폐도 사용한다.

메타버스의 NFT

대체 불가능한 토큰, NFT가 주목받는 것은 이름처럼 대체 불가능하기 때문이다. NFT는 블록체인 기술을 이용해서 디지털 자산의 소유주임을 증명하는 가상의 증명서이다. 그림·영상 등의 디지털 파일을 가리키는 주소를 토큰 안에 담아 고유한 원본성과 소유권을 나타내는 용도로 사용된다. 일종의 가상 진품 증명서라고 생각할 수 있다.[12]

NFT는 비트코인, 이더리움 등의 암호화폐와 유사하게 블록체인 기술을 활용해 위조나 변조(대체)가 불가능하도록 저장되는 디지털 데이터 단위를 말한다. 기존의 파일들은 데이터로만 이루어져 있어 쉽게 무단 복제가 가능했으며, 디지털 콘텐츠의 저작권을 보호하기 위한 복제 방지 기술 또한 완전하지 않았다.

반면에 NFT는 블록체인 기술을 이용해 누구의 통제도 받지 않고 복제 불가능한 고유성을 부여한다. 그래서 희소성을 온전히 인정받을 수 있으며, 상대적으로 훨씬 안전하다. 각종 예술품들을 비롯해 가상의 부동산 어스 2 등 다양한 디지털 자산들이 NFT로 생산되고 거래가 성사된다.

NFT의 핵심 요소는 블록체인과 암호화폐이다. NFT를 자세히 알아보기 전에 블록체인과 암호화폐에 대해 먼저 알아보자.

블록체인과 암호화폐

블록체인은 온라인상에서 데이터를 처리하기 위해 블록block을 구성하고, 이를 여러 사용자에게 동시에 복사해 체인점을 만드는 것 같은 과정을 통해 분산 저장하는 데이터 알고리즘이다. 대체로 온라인에서 생산되는 자료의 생산-거래 과정은 정부나 기업 등에 중앙집권적으로 저장-관리되는 방식이다. 이와 달리 블록체인은 데이터 처리 과정을 분산 저장하고, 이를 사용자들이 공유해 위조와 변조를 방지하는 탈중앙화된 데이터 처리 알고리즘이다.

암호화폐는 주로 블록체인 기술이 활용된 데이터 처리 과정에 관여하는 사용자들에게 제공되는 일종의 보상이라 볼 수 있다. 블록체인을 통해 데이터를 처리 과정에서 코인-토큰의 '채굴'을 통해 작업을 대행하는 개념이다. 블록체인 기술을 통해 데이터를 처리하기 위해서는 분산 저장-처리를 위해 사용자들의 시스템을 활용하게 되며, 이러한 시스템 사용에 대한 보상으로 각종 암호화폐 등이 제공된다는 것이다.[13]

토큰은 블록체인 기술이 활용된 데이터 단위로, 부산물이라는 관점에서는 코인과 동일하지만 사용 목적과 활용처에 따라 데이터의 단위마다 교환 가치가 달라질 수 있다는 차이가 존재한다.

현재 메타버스가 제4차 산업혁명을 가속화하고 있지만 이에 따르는 필수 요소들이 있다. 한마디로 메타버스를 구성하는 기본 요건들이다. 특히 메타버스에서는 우선적으로 NFT가 등장하는데, 이는 NFT가 디지털 아트, 부동산, 수집품, 이벤트 티켓, 웹사이트 도메인, 트윗 등을 포괄하기 때문이다.

NFT의 장단점

NFT의 가능성이 무궁무진해 보이는 것은 사실이다. 그러나 모든 새로운 투자, 자산 클래스처럼 NFT에 투자할 때도 주의해야 하는 것은 당연하다. 먼저 NFT를 정확히 이해하고, 장단점을 파악하는 것이 필요하다.

1. NFT의 장점

NFT는 블록체인에서 검증 가능한 진위와 소유권에 대한 기록을 제공한다. NFT를 통해 높은 성장 잠재력을 가진 부를 창출할 새로운 시장을 형성할 수 있다는 뜻이다. 또한 NFT는 프로세스를 간소화하고 중개자를 배제하는 스마트 계약으로 효과를 발휘한다. NFT는 예술가들에게도 새로운 시장을 열어준다. 예술가는 수집가에게 작품을 직접 판매하고, 예술 작품이 재판매될 때마다 로열티를 받을 수 있다.

NFT는 경제계와 기업이 팬데믹 이후 다음 단계를 준비함에 따라 금융 포트폴리오에 잠재적으로 다양화를 추가할 수 있다. 일부 NFT는 작성자에 따라 고급 이벤트, 그룹이나 협회에 대한 정보 활용 같은 실제 특전을 제공받기도 한다.

2. NFT의 단점

NFT는 비유동적이고 투기적인 투자이다. 새로운 자산이자 시장이기 때문에 비교할 과거 데이터가 많지 않다. 또한 변동성이 큰 투자이다. 디지털이든 물리적이든 대부분의 예술품과 마찬가지로 그 가치는 상대적이며, 누군가가 지불할 의사가 있는 금액을 기반으로 하기 때문이다. 그런데 어떤 사람들에게는 인터넷 트랜드로 위장한 사기로 여겨지기도 한다. 암호화폐와 마찬가지로 NFT에 대한 불신이 분명히 존재한다. NFT를 거래하는 과정에서 사기꾼이나 가짜 뉴스의 농간 가능성도 다분하다. 대체 불가능한 블록체인이지만 NFT는 현재 해킹과 도난 우려도 제기된다.

일부 학자들은 NFT가 환경에 좋지 않을 수 있다고 지적한다. 실제로 네트웨크에서 단일 NFT를 발행하면 엄청난 양의 에너지를 소비하는 것으로 추정된다. 복잡한 퍼즐을 완성하는 데 필요한 능력은 지속 불가능하며 세계 에너지 공급을 잠식할 수 있다. 시간이 지남에 따라 NFT나 모든 유형의 암호화폐 생성 효과는 우리 환경에 매우 부정적인 영향을 미칠 수 있는 것이다.

그럼에도 NFT 시장은 이미 거대하며 점점 더 커지고 있다. 하지만 NFT의 가능성이 무한해 보일지라도, 정의되지 않은 새로운 시장은 매우 위험하고 투기적인 특성을 지니고 있기 때문에 투자자는 주의해야 한다.

NFT의 본질

NFT의 주요 기능은 크게 두 가지로 나뉜다. 첫째, 자산의 유일한 고유 버전이라는 복제 불가능한 측면을 나타낸다. 각 NFT 자산에 개별화된 디지털 지문이 있다고 생각하면 된다. 블록체인 기술과 암호화폐는 NFT의 세계를 변화시켜 아티스트와 제작자가 자신의 창작물에 더 큰 통제권을 부여하고 이를 보다 효율적으로 상용화할 수 있도록 했다.

둘째, 블록체인 기술은 NFT의 합법성과 독점성을 보장하는 불변의 원장을 생성한다. 반면에 암호화폐는 중개자를 배제하고 거래 수수료를 낮추는 분산형 결제 방법을 제공한다. NFT는 신원 확인, 부동산, 게임 등 다양한 용도로 사용될 수 있다.

여기에서 NFT 자산 자체의 소유권 증명을 나타내는 '토큰'은 보다 설명이 필요하다.[15] 토큰이라는 용어는 비트코인이나 이더리움 같은 네트워크의 고유 명칭과 달리 블록체인 기능을 써서 사용자가 생성한 자산을 말한다.

누군가가 나의 디지털 자산을 스크린샷으로 찍고 자기 것인 양 가장하는 것을 막는 방법은 생각보다 간단하다. NFT를 활용하는 것이다. NFT를 구매하면 블록체인에 보관된 토큰 또는 소유권의 증명을 받게 되며, 이를 통해 조회하는 모든 사람이 쉽게 확인할 수 있다. 따라서 NFT를 판매하거나 실제 혜택을 이용할 때 스크린샷뿐만 아니라 공식 NFT를 소유하는 것은 엄청난 가치가 부여된다.

기본적으로 NFT는 고유한 디지털 아트 자산, 부동산, 수집품, 이벤트 티켓, 웹사이트 도메인, 블록체인에서 투자자에게 판매되는 트윗이 될 수 있다. 여기에는 음악, 비디오, 이미지, 밈 또는 미디어의 조합과 같이 디지털 형식으로 묘사할 수 있는 모든 종류의 예술이 포함된다는 데 중요성이 있다.

저축, 재산, 소득 창출 자산을 포함해 사람들이 부를 축적하기 위해 돈을 사용하는 방법은 수없이 많으며, 기술이 발전함에 따라 부를 축적하는 수단은 지속적으로 개선되고 확장된다. 특히 돈과 관련된 모든 일에 즉각적인 만족과 원활한 경험을 요구하는 우리 사회의 특성상 더욱 그렇다.

NFT의 지속적인 기술 개선은 문화적으로 관련된 항목에서 부가 보존되는 동시에 해당 항목의 유용성을 구축하는 미래로 이어질 것이다. 분산 응용 프로그램을 통해 사람들은 NFT를 보다 복잡한 금융 사례에 활용할 수 있고 사람들의 소중한 소유물을 매우 효율적으로 사용하는 새로운 패러다임을 만들 수 있다. 학자들이 향후 NFT가 물리적 자산 보존만큼 보편적으로 사용될 것으로 생각하는 이유이다.

NFT의 장단점을 설명했지만 다소 이해하기 어려운 것은 사실이다. NFT 개념은 상당히 오래전부터 존재한 것으로 NFT를 더욱 구체적으로 설명하면 다음과 같다. NFT는 이미지나 다른 유형의 디지털 파일에 대한 고유한 소유권을 나타내는 데 사용하는데, 여기에서 '대체 불가능'이라는 뜻은 토큰에 고유한 ID가 있음을 의미한다.

비트코인과 같은 대체 자산은 상호 교환이 가능하다는 데 큰 특징이 있다. 이론적으로 NFT는 세분될 수 없다. 두 개가 동일해 보이더라도 위조할 수 없는 데이터를 검사해 진짜인지 결정할 수 있다는 뜻이다.

하드 드라이브에 순간 동작 이미지가 있는 경우 해당 이미지 사본이 하나만 저장되며 해당 데이터를 읽고 쓰는 비용은 무시할 수 있다. 블록체인에 순간 동작 이미지를 저장하면 하드 드라이브 수백만 개에 저장되고, 때로는 수십억 번 네트워크를 통해 전송해야 하므로 비용이 추가되기 시작한다. 이러한 비용을 해결하기 위해 NFT와 연결된 이미지는 블록체인 외부에 저장되고, NFT에는 해당 이미지를 가리키는 URL만 포함된다.

많은 사람이 NFT에 대한 큰 관심을 보이는 것은 미술 경매 회사가 보유한 작품 중 하나의 NFT를 6900만 달러에 판매한 전력이 있다는 데 있다. 그 이후로도 많은 다른 NFT가 각각 수백만 달러에 판매되었다. 왜 사람들은 NFT에 그렇게 많은 비용을 투자할까? 여기에 대한 답은 간단하다. NFT를 비싸게 구입하는 사람들은 비트코인이나 이더리움 같은 암호화폐가 미래에는 더 높은 가치를 갖는다고 생각하기 때문이다.

물론 이를 좋지 않게 보는 사람들도 있다. 이렇게 고가로 구입하는 것은 이를 만드는 사람들이 다른 사람들을 유인하기 위한 미끼 상술이라는 것이다. 한마디로 고의로 부풀린 가격으로 자신의 기업이나 계열사에 자산을 판매한다는 것이다. 이런 행동이 가능한 것은 '가상 거래'가 매우 간단하기 때문이기도 한데, 이는 달리 보면 NFT 분야의 고유한 특징 중 하나이다.[16]

메타버스의 더 큰 약점은 암호화폐가 규제되지 않는다면 도박, 사기, 착취를 가능하게 하고 또 조장하기도 한다는 점이다. 네트워크 자체는 해킹에 강하지만, 네트워크를 사용하는 개인은 해킹에 대한 보호 장치가 없다. NFT 또는 코인의 유일한 보안은 네트워크와 상호 작용할 때마다 사용해야 하는 단일 숫자를 비밀로 유지할 수 있을지에 달렸다.

실제로 PIN과 달리 이들 숫자는 머리로 기억하기 어려울 정도로 큰 데다 매번 입력하는 것도 간단하지 않아 해커가 만만하게 접근할 수 없도록 디지털 방식으로 저장한다. 그러나 인간의 노력, 즉 더 우수한 해킹 방법이 개발되면 마니아들조차도 피해를 보기 마련이다. 해당 NFT를 삭제하거나 어디로든 보내려고 하면 전체 계정이 비워지는 사고도 일어날 가능성이 있다. 한마디로 NFT의 보안이 완벽할 수 없다는 뜻이다.[17]

물론 이에 대해 낙관적인 견해를 보이는 학자들도 있다. 현실의 대중문화가 메타버스로 확장되어 자리를 잡으면 암호화폐와 NFT의 미래는 밝아질 것이다. 특히 적정 응용 프로그램이 개발되면 산업, 특히 음악과 게임 중 일부는 점점 더 많은 사람이 NFT 영역에 진입하면서 접근 방식이 크게 변경될 것이다. 그리고 분할된 NFT를 사용하면 인기 있는 아티스트의 예술 작품을 소유하는 것이 그 어느 때보다 쉬워진다는 것도 장점이다.[18]

다만 일부 NFT를 중심으로 지나친 가격 등락, 가상자산거

래소의 결제 수단인 암호화폐의 가격 변동성으로 인한 NFT의 현물 가치 변동 등은 NFT 시장 도입의 과도기적인 상황 때문이기만 한 것인지 의구심도 존재한다.

여기서 가치란 무엇인가라는 것을 생각할 때 그 기준은 단순히 경제만이 아니라 사회, 이론, 도덕, 종교 등 상당히 많은 요소에 따라 결정될 수 있다. 게다가 NFT가 '유명세와 가격 상승을 낳는다'는 경제적 효과와 '선택받은 사람만 가질 수 있는 것'을 강조하면서 사실상 명품의 또 다른 이름이 될 수 있다.

학자들은 4차 산업혁명의 새로운 기술로서 NFT에 긍정과 부정적인 면이 함께 들어 있지만, 궁극적으로 NFT가 '사회적인 신뢰와 합의'를 기반으로 하는 물건이라는 데는 대체로 동의한다. 반면에 '꼭 NFT여야만 하는가?'라는 의문이 제기되는 것도 사실이다. 가령 혜택이 있는 NFT도 기존의 회원권에 블록체인을 결합했을 뿐이지 특별히 차이가 있지는 않다는 의견도 있다. 이 지적은 현실 상황에서 그렇다는 뜻으로 4차 산업혁명의 와중에서 앞으로 NFT가 어떤 모습으로 진행될지는 아직 미지수라는 뜻과 다름없다. NFT에 주목해야 하는 이유이다.

디지털로 검증할 수 있고 블록체인으로 보호되는 고유한 자산인 NFT가 최근 인기를 얻으면서, 돈과 이를 둘러싼 혁신에 대한 관심이 고조되고 있다. 많은 NFT 수집품이 수백만 달러에 사고 팔렸다는 것이 이를 증명한다. 이는 메타버스 내 가상 랜드 시장이 과열되고 있음을 보여주는데, 이런 현상이 일어나는 것은 단순하다. 개방적이고 마찰 없이 가치 이전을 가능하게 하는 기술이 발전하고 있는 데다 문화와 연결된 소유자에게 추가적인 효용성을 제공했기 때문이다.

사람들은 수집품을 소셜 미디어 프로필 사진으로 설정하기도 하고, 판매를 위해 고급 예술 공간에 나열하기도 한다. 이제 돈은 다른 형태를 취해 사람들이 기업의 성공 가능성에 참여할 수 있게 되었다.

블록체인은 모든 참가자가 어떤 거래가 사실인지 확인할 수 있는 분산 원장(계정 장부)을 사용한다. 이러한 시스템은 거래를 촉진하기 위한 중개자의 필요성을 제거한다. 비트코인을 사용하면 돈의 입출입이 자유롭게 작동해 누구나 인터넷에 접근해 활용할 수 있는 금융 서비스를 제공한다. 사람들은 돈을 이전하기 위해 중앙 집중식 제3자에게 의존할 필요가 없다.

거래를 정산하는 것도 은행 송금이나 우편환보다 더 빨리 진행할 수 있다. 비트코인과 후속 지불 중심 블록체인은 대체 가능한 토큰(서로 거래 가능한 토큰)으로 거래가 가능하다. 이러한 네트워크에서는 NFT도 가능하지만, 스마트 계약을 지원하는 블록체인이 출현하면서 NFT는 더 풍부하고 프로그래밍 가능한 자산이 되었으며, 개방형 글로벌 네트워크에서 전송할 수 있는 고유한 자산이 생성되면서 가속화되었다.[19]

NFT 존재 이전에는 희귀 수집품의 거래가 작은 생태계 안에만 존재했다. 예를 들어 실제 생활에서 야구 카드는 가치가 없어 거래하기 어렵지만 야구 카드 수집가 사이에서는 가치가 있는 것처럼, 블록체인 이전에 온라인으로 발행된 수집품은 해당 네트워크 내에서만 사용할 수 있었다. 그러나 이제 이러한 수집품은 틈새시장을 넘어 지속되는 가치와 가격 상승으로 누구에게나 가치를 인정받을 수 있게 되었다. 블록체인 기반에서 야구 수집품은 유명인의 디지털 수집품과 교환할 수 있으며 그 반대의 경우도 마찬가지이다.

사람들이 궁금하게 생각하는 것은 NFT가 미래의 자산 수단이 될 수 있는가이다.[20] 사실 NFT가 주목받기 시작한 것은 2020년부터이므로 그야말로 새로운 정보라 볼 수 있다. 기업 브랜드, 유명 인사, 신진 예술가들은 번창하는 글로벌 시장에서 디지털 수집품을 쉽게 제작하고 홍보할 수 있게 되자 NFT는 폭발적인 주목의 대상이 되었다. 물론 일부학자들은 NFT 시장의 위험성이 매우 높다고 지적하지만, NFT의 부상은 이러한 수집품에 대해 이전보다 더 큰 시장이 형성되었다는 의미이다. NFT 브랜드의 폭발적인 인기는 새로운 자산 클래스의 생존 가능성을 입증했다.

많은 학자는 NFT의 전망을 매우 높게 본다. 오늘날 사람들은 디지털로 검증이 가능한 수집품을 가치 보존 수단으로 사용하고 있다. 개별 NFT가 블록체인의 맥락을 넘어서 마케팅이 될수록 자산 클래스가 더 탄력적일 것이기 때문이다.

미래에는 많은 인터넷 사용자가 자기 돈으로 더 많은 일을 할 수 있는 금융 상품에 쉽게 접근할 것이다. 자유롭게 흐르는 디지털 자산과 NFT 같은 웹 자산이 금융 시스템 내의 비효율성을 더욱 최소화하도록 유도한다. 중요한 것은 세월이 흘러도 지속되는 문화 관련된 자산을 식별할 수 있는 기업이야말로 4차 산업혁명이라는 진화하는 시장에서 성공할 수 있다는 점이다.[21]

3부

메타버스의 활용

메타버스의 본질은 사회화, 생산성, 쇼핑, 엔터테인먼트 분야에서 우리의 디지털 생활과 물리적 생활이 더 많이 겹치도록 하는 것이다. 사회적 지원 시스템의 통로 역할에서 가상현실의 잠재력은 아무리 강조해도 지나치지 않다.

메타버스는 반도체, 사물인터넷, 5G, 클라우드, 콘텐츠, 모빌리티 등 4차 산업혁명 요소 기술과 융합해 새로운 경제 생태계를 만들어낼 수 있다. 빅테크 기업을 비롯해 국내외 기업들이 주도권을 확보하기 위해 메타버스 시장에 진출하는 이유이다. 디지털 지구를 주름잡는 기업들의 성장 속도는 오프라인 기반의 제조, 유통기업을 넘어서고 있다.

그러므로 메타버스 기업들은 오프라인의 한계를 넘어 현실 세계의 점포뿐 아니라 메타버스 점포 안에서도 상품을 홍보하고 아바타를 통해 각종 상담이나 서비스를 제공하기도 한다. 메타버스로 들어온 고객들은 기존의 오프라인에서 느끼지 못했던 편안한 상담을 진행할 수 있다.

물론 메타버스를 어떻게 정의하느냐에 따라 달라지지만, 메타버스가 이미 현실에 있다고 주장하는 사람이 있는 반면 메타버스는 아직 완전하지 않은 미래의 비전이라고 보는 시각도 있다. 메타버스가 아직 완전하지 않기에 오히려 흥미가 높은 것도 사실이다.[1]

1장

메타버스 가상현실의
작동 원리와 과정은?

가상현실은 컴퓨터 기술을 사용해 시뮬레이션된 환경을 만드는 것이다. 가상현실은 참여자를 3차원 경험으로 안내하며, 참여자를 3D 세계에 몰입하도록 하는 상호작용을 한다. 숭실대학교 신용태 교수 등 학자들의 표현이 재미있다. 가상현실이 컴퓨터를 자동차로 바꿔주는 새로운 세계로 변모시킬 수 있다는 것이다. 세계적인 흥행에 성공한 SF 영화 〈트랜스포머〉를 보면 자동차가 로봇으로 순식간에 변하는데, 이 같은 장면이 등장하는 것은 뛰어난 가상현실 기술 덕분이다. 가상현실이 컴퓨팅 성능과 콘텐츠 가용성을 배경으로 무장했기 때문이다.

가상현실의 유형

현재 전 세계에서 집중적으로 개발되고 있는 가상현실 유형은 세 가지이다. 비몰입형, 반몰입형, 완전 몰입형이다. 이들이 다양한 수준의 컴퓨터 생성 시뮬레이션을 제공하는데, 이들 세 가지 주요 범주는 다음과 같다.

① 비몰입형 가상현실

비몰입형 가상현실 기술은 참여자가 물리적 환경을 인식하고 제어하며, 컴퓨터에서 생성된 가상 환경을 활용한다. 비디오 게임이 비몰입형 VR의 대표적인 예이다.

② 반몰입형 가상현실

반몰입형 가상현실은 부분적으로 가상 환경을 기반으로 하는 경험을 제공한다. 이러한 유형의 VR은 조종사 훈련생을 위한 비행 시뮬레이터 같은 대형 프로젝터 시스템과 그래픽 컴퓨팅을 사용하는 교육과 훈련 목적에 적합하다.

③ 완전 몰입형 가상현실

완전 몰입형 가상현실은 엄밀하게 말해 아직 개발되지 않은 상태이지만 과학기술의 발전으로 조만간 등장할 것으로 예상한다.

이러한 유형의 VR은 시각에서 청각, 때로는 후각까지 사실적인 시뮬레이션으로 경험할 수 있다. 자동차 경주 게임은 참여자에게 속도와 운전 기술에 대한 감각을 제공하는 몰입형 가상현실의 한 예이다. 게임이나 기타 엔터테인먼트 목적으로 개발된 몰입형도 많이 등장하는데, 게임 분야 외에도 사용이 점점 증가하고 있다.

가상 기술의 정의에는 특정한 공유 특성이 포함된다. 몰입형일 뿐만 아니라 컴퓨터로 생성되고 다차원적 경험으로 신뢰할 수 있는 대화형이다.

가상현실과 증강현실

가상현실과 증강현실에 대해서는 앞에서 여러 번 설명했지만, 독자들의 이해를 돕기 위해 보다 구체적으로 설명하겠다. 그만큼 이들이 메타버스에서 핵심이기 때문이다.

가상현실은 현실 세계에 존재하는 모든 것을 감싸는 인공적이고 완전히 몰입형 경험이다. 반면에 증강현실은 현실 공간에 그래픽을 구현한 가상의 사물을 중첩해 상호작용이 가능하도록 구축한다. 간단하게 말해 증강현실은 가상현실을 업그레이드한

3부 — 메타버스의 활용

것이라 볼 수 있다. 가상현실은 감각 자극을 통해 합성 환경을 만든다. 참여자의 작업은 컴퓨터에서 생성되는 환경에 부분적으로나마 영향을 미친다. 증강현실의 디지털 환경은 실제 장소를 반영하지만, 현재의 물리적 현실과는 별개로 존재한다.[2] 증강현실은 처음부터 새로운 경험을 만드는 것이 아니라 실제 경험에 추가한다는 점에서 가상현실과 다르다.

다음으로 가상현실 기술이 어떻게 작동하는지를 알아보자. 가상현실 프로세스는 하드웨어와 소프트웨어를 결합해 눈과 두뇌를 속여 몰입형 경험을 하게 만든다. 가상현실에서 하드웨어는 소리, 촉각, 냄새, 온도 같은 감각 자극과 시뮬레이션을 지원하고, 소프트웨어는 상상하게 하는 가상 환경을 생성한다.

가상현실에서 몰입형 경험을 생성할 때는 눈과 뇌가 비주얼을 형성하는 방식을 모방한다. 인간의 눈과 눈은 약 7.5센티미터 정도 떨어져 있으므로, 두 눈에 약간 다른 정보를 제공한다. 뇌는 이러한 관점을 융합해 입체적인 디스플레이를 만든다. 가상현실 애플리케이션은 인간의 눈과 뇌가 하는 것처럼 두 가지 다른 관점에서 한 쌍의 정확한 이미지로 현상을 복제한다. 전체 화면을 덮는 단일 이미지 대신 각각 눈의 시야를 상쇄하기 위해 만들어진 두 개의 동일한 사진을 보여주는 것이다. 이런 가상현실 기술은 시청자의 뇌를 속여 깊이감을 인식하게 하고 다차원 이미지의 환상을 받아들이게 한다.

기본적으로 가상현실은 게임에서 시작되었다고 볼 수 있는데, 현재는 그야말로 다방면에서 활용된다. 가상현실이 판매 지원, 학습 촉진, 여행 시뮬레이션, 의사소통에 쓰인 지는 오래되었다. 이제는 가상현실이 교육, 의료에서 관광에 이르기까지 다양한 비즈니스에 영향을 미치며, 많은 기업에서 디지털 혁신 전략을 달성하기 위한 초석이 되고 있다. 특히 많은 기업이 직원 교육에 가상현실을 사용하며, 현장이나 집에서도 참여할 수 있다.

가상현실은 기술이 향상됨에 따라 복잡한 의사 결정이 필요한 상황에서 더 현명한 결정을 내리도록 도와준다. 신혼여행을 가정하고 고급 호텔이나 리조트 같은 환경을 만들어 몰입할 수도 있다. 이제 우리는 온라인 비디오를 보거나 2D 사진을 보는 대신 고급 호텔 안에 들어와 있는 듯 느낄 수 있다.[3]

가상현실은 가정과 상업 공간 모두에서 작동한다. 부동산 개발자는 3D 모델 그 이상을 넘어 새로운 개발과 내부의 삶을 시뮬레이션한다. 입주 예정자들은 가상현실을 활용해 자신의 공간을 미리 경험한다. 현재 국내의 여러 건설회사에서 이를 활용하고 있다.

의료 종사자나 연구원, 환자를 위한 분야에서도 유용하다. 불안이나 거식증 등의 장애가 있는 환자를 돕기 위해 가상현실을 사용하거나, 의과대학에서 학생들이 나중에 의사가 되어 환자를 치료할 때 발생할 수 있는 여러 가지 상황에 대처하는 방법

가상현실은 가정과 상업 공간 모두에서 작동하며 새로운 개발과
내부의 삶을 시뮬레이션한다.

을 사전에 배우기도 한다. 한국의 일부 의과대학에서 수련교육
에 가상현실을 활용하고 있다.

　가상현실이 많이 활용되고 있는 곳은 군부대이다. 가상현실
은 군인들의 전투, 작전 등을 위한 시뮬레이션에서 이미 유용하
게 사용 중이다. 전투 작전 시나리오를 임의로 변경하거나 위험
한 실제 훈련을 대체할 수도 있어 가격 대비 효율성이 높다. 가상
현실은 현재 군대와 방위 산업 분야에서 전방위적으로 활용하고
있다.

　이렇게 가상현실이 현실에서 유용하게 쓰이지만 단점이 없
을 리 없다. 가장 먼저 지적되는 것이 중독성이다. 학자들은 상당
히 많은 사람이 게임이나 소셜 미디어 애플리케이션에서 중독될

수 있다고 말한다. 인간 자체가 중독성을 갖는 존재이므로 사회적, 심리적, 생물학적 문제를 일으킬 수 있다. 더불어 건강 문제도 제기된다. 가상현실을 오래 사용하면 공간 인식 상실, 메스꺼움, 현기증, 방향 감각 상실 등이 생길 수 있다.

스크린 도어 효과도 문제가 된다. 헤드셋을 사용할 때는 디스플레이가 눈으로 보는 거리 내에 있다. 디스플레이 해상도가 아무리 우수하더라도 사람들의 눈은 픽셀이나 픽셀 사이의 공간을 보게 되며, 이 망처럼 보이는 효과가 일부 참여자를 짜증 나게 할 수 있다. 물론 최신 헤드셋이 이 점을 많이 개선하기는 했지만 문제가 완전히 해결된 것은 아니다.

가장 중요한 지적은 인간성의 상실이다. 실제 사회적 상호작용보다 가상 연결에 의존하면 문제가 발생할 수 있다. 일부 학자들은 가상현실에 대한 과도한 의존은 정신병이나 우울증으로 이어질 수 있다고 말한다. 아직 해결하지 못한 문제들이 있음에도 메타버스가 4차 산업혁명에서 차세대 기술로 거론되는 것은 그만큼 중요하다는 말이기도 하다.

2장

가상현실로
삶의 질이 향상될까?

가상현실로 인간 삶의 질은 향상될까 하는 질문은 새로운 발명
품의 핵심을 잘 짚었다고 볼 수 있다. 이는 메타버스가 인간들에
게 도움이 되는 기술이냐, 그만큼 폭발적인 파급력이 있느냐는
질문이다. 어떤 발명품이 등장하면 가장 먼저 고려할 사항은 그
발명품이 인간의 삶의 질을 어떻게 향상시킬 수 있느냐이다. 메
타버스도 이러한 질문에 명백한 답을 주어야 한다.

　　가상현실 아이디어가 인간에게 접목되기 시작한 것은 몇십
년에 지나지 않지만, 학자들은 지구인들 생활공간에 들어온 수
많은 문명의 이기 중에서 가상현실이야말로 매우 혁명적인 아이
디어라고 말한다. 메타버스 자체가 가상 세계와 연계되는데, 가
상현실이 큰 주목을 받은 것은 세상을 더 좋게 바꿀 대안 중 하
나로 가상현실이 등장했기 때문이다.[4] 특히 엔지니어, 과학자, 유
명인, 사업가 들에게 환영받았고 의학 분야의 심리 치료에서 큰

효과를 보았으며, 스포츠와 여행 등에서 상상할 수 없는 진전을 가져왔다. 이러한 결과는 사실 예견된 일이다. 인간의 상상력과 꿈을 이루는 데 메타버스가 매개체가 될 수 있기 때문이다.[5]

그러나 메타버스의 한계는 분명하다. 가상현실이 현실을 충실하게 재현하는 것이 아니라 현실의 정상적인 경계를 벗어나 목표를 실현할 가능성을 제공하는 방법으로 진행됐다는 점이다. 가상현실이 특별한 대우를 받는 것은 물리적 세계에 버금가는 현실을 만들어내기 때문이다. 일부 학자들은 현재의 물리적 세계가 현실적으로 합의된 세계라고 지적한다. 하지만 가상 세계도 물리적 세계와 동일한 상태를 달성할 수 있다. 게다가 가상 세계는 물리적 세계가 갖지 못하는 무한한 가능성이 있다. 물리적 세계에서는 건물을 꽃으로 바꿀 수 없지만 가상 세계에서는 가능하다.

가상현실의 중요성은 과학적 뒷받침이 있다는 점이다. 가상현실은 현실을 시뮬레이션하는 방법을 제공한다. 가상현실에서 가상의 칼이 나를 찌른다면 신체적으로 다치는 것은 아니지만 스트레스, 불안, 고통은 느낄 수 있다는 것이 핵심 요소이다. 가상의 인간이 나에게 예상치 못한 키스를 하면 당황해서 얼굴이 붉어지고 심장이 두근거릴 수 있는 것이다. 이런 키스는 가상이지만 바로 가상현실이 가진 진정한 힘이기도 하다. 가상현실은 현실을 뛰어넘어 시뮬레이션 그 이상으로 창조주이기도 하며,

현실의 경계를 벗어나 불가능한 것을 가능하게 하는 패러다임을 경험할 수 있게 만든다.

물론 일부 학자들의 지적처럼 가상현실은 그냥 가상의 현실이다. 이것은 원칙적으로 실제로 일어날 수 있는 모든 것이 발생하도록 가상으로 프로그래밍할 수 있음을 의미하지만 실제는 아니라는 뜻이다. 무엇보다 가상현실이기 때문에 현실의 한계를 뛰어넘어 물리적 현실에서는 불가능한 일들을 해낼 수 있다.

가상현실을 사용하면 환자가 외형적으로 활동하는 위치와 활동을 실제로 하는 것보다 더 흥미로운 것으로 변경해 환자의 기존 물리 치료를 시뮬레이션하고 개선할 수 있다. 기계는 물리 치료를 위해 다리를 움직이는 데 도움을 주지만, 가상현실을 사용하면 치료를 위해 다리를 움직이는 것이 아니라 월드컵에서 내가 직접 축구를 하는 것처럼 착각하게 만들어줄 수 있다는 점이 다르다.[6]

과학자들은 가상현실의 놀라운 미래를 제시한다. 메타버스의 가상현실과 증강현실에서 안경을 비롯해 촉각이나 운동감을 느끼게 하는 보조 기기가 필요하지 않을 수도 있다는 것이다. 헤드셋이나 기타 게임 주변 기기처럼 메타버스 관련 기술이 발전을 거듭하다 보면 게임, 애플리케이션 개발자들이 사용자들의 경험을 통합해 보조 기기들을 사용하지 않아도 되는 상황을 만들 수 있다는 것이다. 미래의 어느 날 현실 세계와 상호 작용하는

경제계가 태어날 수도 있다고도 한다.[7]

그렇다면 정말로 메타버스가 현실 세상을 바꿀 수 있을까? 이는 가상현실로 인간의 삶의 질이 향상될 수 있느냐는 질문과 연관된다. 이런 질문이 나오는 것은 메타버스의 혼합현실이 가상현실이나 증강현실처럼 세상과 상호 작용하는 방식을 근본적으로 바꿀 기회를 제공할 수 있다고 생각하기 때문이다.

혼합현실은 지금까지 증강현실이 할 수 있었던 것 이상으로 물리적 현실과 디지털 현실을 혼합하기 위한 확장현실의 선도적인 솔루션이다. 혼합현실은 증강 경험에 새로운 몰입감을 제공하고 인공 세계와 상호 작용하는 것이 어떤 것인지에 대한 새로운 관점을 제공할 수 있다.

특히 코로나19 팬데믹은 많은 것을 바꿔주고 있다. 2020년 팬데믹 이후 많은 기업이 창의성을 고취하고 기업 문화를 유지하며 분산된 환경에서 팀을 하나로 묶는 새로운 방법을 찾기 시작했다. 비대면이라는 폐쇄와 제한에도 혼합현실이 사람들을 연결하고 정보를 제공하는 데 일익을 담당했다. 이런 기술은 미래의 비즈니스 개발에서 생산 속도를 높이고 혁신을 강화하며 낭비를 줄이는 데 도움이 된다. 또한 혼합현실은 참여자가 선택한 환경에 머물도록 만들면서 교육 경험을 향상하고 인간의 유대를 강화하며 더 나은 의사소통을 유도할 기회를 제공할 수 있다.[8]

메타버스가 제4차 산업혁명의 새로운 사회적 규범이 되기 위해서는 해결해야 할 것이 수없이 남아 있다. 그럼에도 메타버스의 미래가 궁금하다.

3장

메타버스의 사용이 증가하면

어떤 공동체가 형성될까?

우리가 알고 있는 메타버스는 자신을 연결하고, 거래하고, 표현할 수 있는 강력하고 새로운 방법이다. 당연히 메타버스에 대한 아이디어는 계속 새롭고 크게 바뀔 것이 분명하다.

학자들은 메타버스의 보급에 앞서 먼저 고려해야할 것은 신뢰라고 말한다. 신뢰는 인간 간의 관계는 물론이고 공동체의 기초이기에 중요하다. 가상현실을 확대하고 축소하는 가상 세계의 3D는 가상 공간을 만들고 이것이 메타버스로 가는 첫 단계를 만든다. 여기에서 사람들의 관계와 경험은 새로운 규칙에 따라 참여적이고 점점 더 몰입하게 된다.

메타버스는 이미 존재하는 공동체 개념을 더욱 발전시킬 훌륭한 기회가 될 수 있다. 일부 학자들은 메타버스를 물리적 상호작용과 디지털 상호작용의 융합으로 보며, 참여자가 일하고 놀 수 있을 뿐만 아니라 거래하고 사교할 수 있는 가상 공동체라고 설명한다. 메타버스에는 가상 세계가 하나만 있는 것이 아니라 여러 가상 세계가 존재하며, 이러한 가상 세계는 사람들이 디지털 방식으로 사회적 상호작용을 심화하고 변형할 수 있게 만든다. 웹에 몰입형 3차원 레이어를 추가하면 메타버스는 더욱 실감 나고 매력적인 경험을 가능하게 한다.

메타버스의 장점은 한두 가지가 아니다. 메타버스는 사람들의 공동체를 강화하고, 참여자의 집은 물론 어느 공간에서도 편안하게 접근할 수 있으므로 경계가 없으며, 경험에 대한 접근을 자유롭게 부여한다. 메타버스는 2D 경험을 통해 다른 사람들과 공유할 수 있는 몰입형 3D 환경을 가상현실로 공유한다. 이 기술은 참여자가 어디에나 존재할 수 있는 유토피아를 제공하고 물리적 매개변수에 얽매이지 않는 무한한 경험을 제공하는 것을 목표로 한다. 게임을 통해서든 엔터테인먼트 산업을 통해서든 메타버스 기술을 통해 사람들은 공동체를 구축하고 더 편리하게, 더 의미 있게 연결할 수 있다.

인간은 모두 사회적 동물이다. 메타버스의 장점은 점점 더 많은 사람이 메타버스를 통해 더 많은 시간을 보내면서 단순한 게임 이상의 공간이 존재한다는 것을 피부로 느낀다는 점이다. 이벤트 공간을 예로 들어보자. 웹 3.0에서는 대면 파티와 모임의 일반적인 형태를 뛰어넘어 플랫폼에서 소셜 상호작용 이벤트를 가상으로 개최할 수 있다. 독특한 음악과 춤으로 대회와 이벤트

메타버스는 사람들의 공동체를 강화하고, 경험에 대한 접근을 자유롭게 부여한다.

를 주최해 메타버스에서 가장 크고, 가장 다채롭고, 활기찬 공동
체를 만들려는 플랫폼도 존재한다. 이 플랫폼의 목표는 공동체
구성원들이 다른 어느 곳과도 비교할 수 없는 장소에 있는 것처
럼 느끼도록 만드는 것이다.

또 다른 플랫폼에서는 가상 대화식 이벤트 외에도 3D NFT
와 고유한 부착식 안면 마스크를 선보인다. 참여자는 이 마스크
를 메타버스에서 아바타로 착용할 수 있다. 마스크는 모두 손으
로 움직여 시청자에게 마치 오래된 만화를 보는 것처럼 향수를
불러일으키는 느낌을 주게도 한다.

메타버스 기술은 온라인에서 사람들이 연결하는 방식에 혁
명을 일으키면서 디지털로 공동체를 구축하는 등 의미 있는 진

화를 계속하고 있다. 이 말은 경제와 인간의 상호작용 방식을 새롭게 창출하는 변화의 시대로 들어간다는 것을 의미한다.

 ## NFT와 게임 산업에서의 공동체

'게임파이GameFi'는 게임과 탈중앙화된 금융Decentralized Finance, DeFi을 합친 말이다. 쉽게 말하면 게임을 하면서 상금을 획득한다는 뜻이다. 게임 내에서 재화를 사고팔아 이득을 얻는 것도 이에 해당한다.

블록체인을 기반으로 하는 게임들은 대부분 보상을 대체 불가능한 토큰, NFT로 지급한다. 게임파이로 플레이어는 실제 가치를 가진 자산을 소유할 수 있으며, 게이머가 더 오랜 기간 게임에 참여하도록 유도한다. 개발자는 플레이어의 창의성과 상호작용을 기반으로 하는 게임 내 경제 체계를 만들 수 있다.

현재 개별 게임 외부에서 자산을 사고팔고 교환할 수도 있다. 스마트 계약을 통한 자율 자동화로 사람의 개입 없이도 여러 당사자가 상호 작용할 수 있다. 보상으로 주어지는 NFT는 플레이어들의 참여를 높이고, 더 나은 게임을 경험하도록 해 궁극적으로 게임 내에서 NFT와 토큰의 가치를 높일 수 있다. 플레이어는 자신이 하는 게임 내에서 에이전시를 가질 수도 있다.

코로나19 팬데믹으로 수많은 지구인이 정서적 빈곤에 맞부딪쳤을 때 메타버스가 대안으로 등장했다. 또 플레이어가 제어하는 수십억 달러의 게임 생태계가 형성되었는데, 이를 위해서는 플랫폼이 필요했다. 국내 대표 플랫폼 기업인 네이버, 카카오는 메타버스에서 경쟁력을 높이기 위해 역량을 모으고 사업을 선도해 나갔다. 네이버 제페토, 카카오 유니버스는 메타버스 플랫폼으로 사용자들의 큰 호응을 얻었다.[9]

이들 플랫폼이 폭발적인 호응을 받는 것은 게임, 예술에 대한 열정과 데이터 분석, 기계 학습을 결합해 참여자가 수익을 얻도록 만들었기 때문이다. 장학금 프로그램도 운용해 소외된 사람들에게 새로운 수입원을 제공하기도 한다. 또한 블록체인은 경제 내에서 참여, 투표권, 수익 창출을 가능하게 한다. 무엇보다 온라인 공동체의 네트워크 생성을 예측하고 이들 간의 교환과 상호작용을 예측할 수도 있다.

기업은 헤드 공동체를 우선으로 하며 공동체 참여, 협업을 통해 아이디어나 관심도를 높이도록 노력한다. 헤드 공동체는 작은 공동체가 수없이 가지를 치도록 유도하는데, 흥미로운 것은 디자인을 투표해 가장 많은 표를 얻은 아트워크가 최종 디자인을 승인하게 만든다. NFT를 발행할 때마다 이들 아티스트가 각 거래에 대해 로열티를 받을 수 있게 한다. 창의적인 지식과 기술을 수익화하는 것이다. 이는 메타버스를 통한 거대한 수익 영역이 열릴 수 있음을 뜻한다.

사실 메타버스의 장점은 수익 창출 모델에 있다. 제작자는 게임 스튜디오를 제어하고 게임 개발에 직접 참여할 수 있다. 플레이어는 게임 내 자산을 만들고, NFT를 만들고, 보조 시장에서 판매할 수 있다. 메타버스는 플레이어가 아이디어를 자유롭게 표출하고 게임 내 경험을 개선하며 지적 자본으로 수익을 창출하게 하는 창구가 될 수 있다는 뜻이다.

그러므로 게임 생태계를 공동체 중심으로 만들고 콘텐츠 제작자는 전반적인 게임 경험을 향상시키면서 인센티브를 받게 해야 한다. 무엇보다 중요한 것은 기본적인 코딩 기술만 있으면 누구나 게임에 기여할 수 있어야 한다.

학자들은 이러한 구조라면 제작자와 팬 사이에 새로운 소셜 네트워크가 등장할 수 있다고 전망한다. 특히 브랜드, 공동체, 영향력 있는 사람을 기반으로 하는 소셜 토큰을 통해 공동체나 유명인이 스스로 수익을 창출할 수도 있을 것이라고 본다. 과거와 달리 제작자와 소비자 사이에 양방향 관계를 만들어 양쪽 모두 혜택을 받을 수 있다는 것이다. 이런 디지털 공동체는 토큰 경제를 통해 네트워크를 형성하는데, 플레이어가 공동체를 더 많이 사용하거나 홍보할수록 게임과 기본 블록체인이 더욱 강력해지는 것은 자연스러운 일이다.[10]

여기에서 플레이어는 이해 관계자이다. 이는 토큰화된 NFT

가 디지털 데이터 권한을 포함하고 해당 데이터 권한을 저장, 추적, 시행할 수 있도록 메타버스가 데이터 인프라를 생성할 수 있다. 학자들은 메타버스가 가져올 이러한 변화가 아직 초기 단계이지만 머지않아 아이디어맨과 제작자 그리고 이들을 지원하는 공동체가 손을 잡아 폭발적인 성장할 것이라고 예견했다. 그러면서 메타버스의 새로운 부족이 바로 공동체이며, 가능한 것의 유일한 한계는 우리의 상상력이라고 지적한다.

공동체를 위한 안전한 생태계와 자신의 콘텐츠에 참여하려는 참여자의 욕구 사이에서 균형을 잡기란 쉬운 일이 아니다. 관건은 헤드공동체를 관장하는 개발자가 엔터테인먼트 그 이상의 중요한 책임을 져야 한다는 점이다. 이는 잠재적으로 유해한 콘텐츠로부터 온라인 공동체를 보호하기 위함이다. 공동체 지침과 윤리적 문제의 올바른 조합을 통해 효과적인 콘텐츠 조정 플랫폼을 도입해야만 비로소 모두에게 안전한 공간을 제공할 수 있다는 뜻이다.

메타버스는 디지털 환경에서 자신을 연결하고, 거래하고, 표현할 수 있는 강력한 새로운 방법이다. 그러나 이 근저에는 공동체, 팬, 팔로워가 중요한 변수이다. 이들을 하나로 묶어 모두가 윈-윈 할 수 있도록 만들려면 큰 전제로 신뢰성이 바탕이 되어야 한다. 신뢰가 중요한 것은 우리가 살고 있는 현실과 온라인 모두에서 사회의 기초이기 때문이다.[11]

3부 — 메타버스의 활용

공동체의 목표는 가능성이 가득한 아이디어로 메타버스를 채우고, 친화적인 장소에서 참여자 모두가 편안한 상태로 사교할 수 있게 만드는 것이다. 친구, 팬, 팔로워가 즐거움을 공유하면서 참여할 때 메타버스에서만 가능한 새로운 아이디어와 경험을 공개하는 등 가치를 높일 수 있을 것이다.

그러므로 처음부터 강력한 공동체를 육성하는 것이 중요하다. 사전에 철저하게 준비해 출발부터 참여자의 신뢰를 얻어야 한다. 많은 사람이 충성도 높은 추종자와 팬을 키운 다음에 집단 메타버스 경험으로 나가는 것이 유리하다는 시각도 있지만, 메타버스에 관한 한 처음부터 신뢰를 바탕으로 새로운 아이디어를 접목하면 메타버스가 건전한 새로운 공동체를 구성할 수 있을 것이다.

4부

메타버스가 만드는 미래

메타버스가 무엇을 말하는지 단 한 줄로 설명하라고 하면 많은 사람은 우리가 살고 있는 실체가 아니라 가상현실이라고 말한다. 그러나 메타버스는 단순한 가상현실만 의미하는 것이 아니다. 학자들은 메타버스에 의해 지구촌이 크게 다음 다섯 가지 영역으로 변화할 것이라고 전망한다.[1]

첫째는 게임이나 행사 위주에서 업무 활동으로의 확산이다. 큰 틀에서 메타버스는 현재 대부분 게임, 행사, 소통 같은 서비스가 주요 용도이다. 학자들은 미래에는 가상 오피스용 업무 플랫폼으로 더 높은 수준으로 발전하고 확산할 것이라고 예상한다. 코로나19라는 팬데믹이 비대면을 유도해 메타버스의 폭발적인 발전을 이루었고, 팬데믹 이후에도 비대면 업무 플랫폼 시장이 급성장해 새로운 솔루션이 등장한 것은 자연스러운 일이다. 게임에서 파생된 아이디어가 생활과 소통에 적용되어 메타버스의 영향력이 확대되었다.

둘째는 메타버스 디바이스의 다양화와 경박단소輕薄短小(가볍고 얇고 짧고 작음)로의 기술 발전이다. 이는 메타버스의 경험과 몰입을 지원하고 확대하는 가상현실, 증강현실의 고도화된 기술 개발이 계속 이어진다는 것을 전제한다. 얼마 전만 해도 메타버스의 경험은 2차원인 PC, 모바일, 콘솔을 중심으로 이루어졌지만, 3차원 VR의 대중화는 속도가 점점 빨라지고 있다. 특히 손목밴드, 반지, 장갑, 조끼 등 다양한 웨어러블 기기들이 개발되어 메타버스의 생활화에 일조할 것으로 예상된다.

셋째는 디지털 휴먼Digital Human의 빠른 성장이다. 디지털 휴먼은 인간처럼 보이고 행동하는 가상 인간으로 메타 휴먼, 버츄얼 휴먼이라고도 한다. 인공지능의 딥러닝과 빅데이터가 융합된 메타버스 서비스가 확산되면서 디지털 휴먼의 활용이 증가한다. 과거에는 디지털 휴먼 제작에 비용, 시간, 전문 기술이 많이 들었다. 이제는 인공지능, 클라우드, 컴퓨터그래픽 소프트웨어, GPU 연관 기술이 발전해 디지털 휴먼 제작의 기술적, 비용적 제약이 사라지면서 디지털 휴먼은 폭발적으로 증가할 것으로 예상한다. 디지털휴먼의 활용은 엔터테인먼트, 유통, 교육, 금융, 방송, 광고, 서비스 등 모든 산업으로 확산할 것으로 보인다.

넷째는 다양한 지식재산권, 즉 인터넷 프로토콜Internet Protocol, IP과 협력하는 메타버스 컨소시엄의 확산이다. 메타버스 기업들은 참여자들에게 더 다양하고 풍부한 콘텐츠를 제공하기를 바라므로 지적재산권 등에 촉각을 곤두세운다. 당연히 새로운 아이디어와 제휴하고 협력 관계를 맺으면서 사업 분야를 확장하려고 한다. 물론 능력 있는 사람들은 자신의 IP를 기반으로 독자적인 플랫폼을 구축해 새로운 경쟁자로 나서게 되므로, 이들 간의 주도권 싸움이 벌어질 것으로 예상한다. 특히 플랫폼 회사라 할지라도 모든 콘텐츠를 자체적으로 생산하기보다 콘텐츠를 제작할 수 있는 도구를 제공해 참여자이면서도 공급자가 되는 경제 생태계가 보편화될 것이다.

마지막으로 학자들은 대체 불가능한 토큰, NFT에 주목한다. NFT 자체가 블록체인을 기반으로 탄생했으므로 폭발적으로 새로운 경제 생태계를 열어줄 수 있기 때문이다. 디지털 파일의 출처를 곧바로 확인하므로 파일이 원본임을 검증하거나, 소유권을 추적할 수도 있다. 무형의 디지털 저작은 무한 복제가 가능하므로 소유권 주장이 간단하지 않다. 하지만 NFT를 융합하면 저작권 개념으로 판매와 거래가 가능해진다. 참여자가 NFT로 자신의 디지털 창작물을 상품화해 수익을 창출할 수 있으므로 4차 산업혁명 시대의 핵심적 요소가 될 수 있다는 전망이다.

그동안 많은 사람이 메타버스를 기술 엔터테인먼트 산업을 위한 솔루션 정도로 이해했지만, 메타버스의 발전은 그야말로 놀랍다. 메타버스가 제조 부문을 포함한 많은 공간에서도 활용될 수 있음을 보여주고 있기 때문이다. 기업은 메타버스 가상현실을 통해 작업팀이 함께 모여 제품 아이디어를 공유하고, 기계의 형태를 디지털로 실물과 똑같이 만드는 모의실험과 상호 작용할 수 있는 포괄적인 환경을 만들어 제품 생산에서 벌어지는 문제점들을 해결한다. 메타버스 기술이 회사 경영에서 발생하는 많은 문제에 해답을 줄 것이라고 예상하는데, 이는 수많은 새로운 일자리가 생기는 것을 전제로 한다. 몇 가지를 예로 들어본다.

1. 제품 설계와 엔지니어링

증강현실을 사용하면 신제품의 디자인과 프로토타입 제작을 가속화한다. 이는 제품 개발 비용을 절감하고, 출시 시간을 단축하려는 기업에는 훨씬 더 매력적인 옵션이다. 증강현실 엔지니어링 공간에서 엔지니어는 자신의 3D 캐드 모델을 시각화하고 협업할 수 있다. 증강현실 공간에서 데이터를 시각화하면 사람들이 함께 모여 해당 모델에서 상호 작용한다. 또한 설계를 검토하고, 조립품을 확인하고, 교육에 사용할 수 있다.

비용이 크게 절감되는 부분 중 하나는 실제 프로토타입을 너무 많이 제작하고 배송할 필요가 없다는 점이다. 엔지니어는 설계를 더 일찍 평가할 수 있으며, 이를 수행하기 위해 함께 모일 필요도 없다. 위치가 달라도 협업할 수 있고 가상 공간에 함께 모일 수 있어 이동 시간이 절약된다. 비용 절감의 원동력은 무엇보다 3D 그래픽의 내구성이다. 실제 프로토타입은 너무 많이 처리하면 손상될 수 있지만, 가상 프로토타입은 성능 저하 없이 반복적으로 사용할 수 있다.

2. 실습 교육

메타버스 기술의 가장 명확하고 널리 적용 가능한 용도 중 하나는 교육이다. 특히 가상현실VR은 중앙 교육 장소로 이동하는 데 드는 비용이나 가동 중지 시간 없이 사람들을 하나로 모을 수 있다. 실제로 VR을 화상회의 도구를 통해 사람들을 하나로 모으는 것을 자연스러운 발전으로 보기 시작한 2021년부터 사용하고 있다. 화상회의 교육은 일방적일 수 있지만, VR은 훨씬 더 실용적인 실습 경험을 제공한다. 그리고 학습 공간에서의 교육은 단순히 물리적 공간에서 물리적 개체를 사용해 발생했던 활동을 가상화하는 문제가 아니다. 가상현실이나 증강현실 훈련은 한 단계 더 발전해 훈련 목적으로만 보지 않는다는 것이다.

3. 수술 계획과 지원

2022년 8월 브라질의 결합 쌍둥이 베르나르도와 아서 리마를 분리하기 위한 VR 안내 수술은 의료 분야에서 메타버스 기술의 잠재력을 보여주었다. 외과 의사가 원격으로 수술하려면 아직 시간이 더 필요하지만, 수술 중심의 VR과 AR 솔루션은 수술실에서 그 가치를 입증하기 시작했다.

뼈와 신체 부위를 2D로 스캔해 3D 객체로 변환하는 AI 소프트웨어 솔루션이 있다. 이것은 AR과 VR을 사용해 3D 스캔을 시각화하고 교육에 사용하므로 외과 의사가 수술을 더 잘 준비할 수 있다. 실제 신체 부위에 관련 신체 부위의 가상 이미지를 겹쳐서, 외과 의사는 수술을 준비할 때 계획했던 절개 와 움직임을 따라갈 수 있는 것이다.

4. 실습을 위한 가상 서비스

특히 AR의 매우 강력한 사용 사례 중 하나는 구조 대원, 현장 기술자, 소방관 처럼 익숙하지 않고 기술적으로 어려운 실습 작업에 직면한 사람들을 위한 가 상 안내를 제공하는 것이다. 가상 오버레이는 무엇을 찾아야 할지, 어디에 집 중해야 할지, 작업을 성공적으로 완료하는 방법에 대한 중요한 정보를 제공한 다. 예를 들어 자동차의 앞 유리를 교체한 뒤 운전자 지원 센서가 재조정되는 등 차량의 전문 유지 보수와 수리 작업을 수행하는 방법에 대한 애프터마켓 워크숍을 안내하는 AR 애플리케이션이 개발되었다. 이 기기의 안내 지원을 통해 특정 작업을 수행하는 데 걸리는 시간을 최대 15퍼센트까지 줄일 수 있 는 것으로 추정한다.

5. 네트워킹, 사교, 창작

커피머신 앞에서 우연히 만나는 것부터 직장 동료들과 어울릴 기회에 이르기 까지 메타버스가 업무 기반의 사교 활동을 더욱 의미 있게 만들 수 있을까? 마 이크로소프트, 메타 같은 플랫폼은 이러한 사회적 존재감을 제공하는 작업 환 경을 만들기 위해 노력하고 있다. 미래학자 버나드 마Bernard Marr는 메타버스 가 지속 가능성의 이점뿐 아니라 더 나은 네트워크와 협업 방법을 제공한다고 말했다. 메타버스를 잘 이해하면 4차 산업혁명 시대에 슬기롭게 대처할 수 있 을 것이다.

1장

메타버스는 미래를
어떻게 변화시킬까?

학자들은 과거부터 현재까지의 변화보다 지금부터 미래의 변화가 훨씬 빠르며 전방위적으로 확산될 것으로 추정한다. 이 말은 4차 산업혁명 과정에서 메타버스를 생활화하고 자신의 것으로 만들어야 치열한 경쟁에서 낙오되지 않고 새로운 기회를 얻을 수 있음을 의미한다.

그럼에도 많은 사람은 정말로 미래가 메타버스 세상이 될 수 있느냐고 질문한다. MZ세대를 중심으로 메타버스가 주목을 받으면서 가상현실과 증강현실을 구현할 기기에 대한 관심도 높아졌다. 하지만 과연 메타버스가 미래를 좌우할 수 있을지 모두가 궁금해한다.

현재 세계 각국이 메타버스 시대를 예견하며 관련 정책을 지원하고 있다. 메타버스가 인간의 일상뿐 아니라 산업 지형에도 큰 변화를 가져올 것으로 전망하기 때문이다. 메타버스가 활용될 수 있는 분야는 인간의 전 분야에 걸친다. 제조, 의료, 건설, 교육, 유통, 국방, 엔터테인먼트 등 다양한 영역에서 메타버스가 활용될 것으로 본다. 현재까지의 기존 패러다임을 모두 바꿀 수도 있다. 학자들은 인터넷이 수십 년에 걸쳐 진화했는데 이러한 진화의 결과가 바로 메타버스라고 설명한다. 지금 인류 역사에 중대한 변화가 일어나고 있으며, 우리의 실생활이 메타버스로 흘러가는 변화를 막을 수 없다는 말이다.

메타버스는 사회적 연결에 초점을 맞춘 3차원 가상 세계 네트워크로, 디지털 미디어의 개념과 함께 가상현실, 증강현실, 블록체인을 활용한 가상의 디지털 환경으로 정의된다. 메타버스는 실제 현실처럼 참여자의 풍부한 상호작용을 위한 공간을 만드는 것이다.

많은 사람은 가상현실을 이야기하면 공상과학 영화를 가장 먼저 떠올린다. SF 장르 자체는 모두 허구로, 엔터테인먼트 세계의 일부라는 데는 의심의 여지가 없다. 지금 엔터테인먼트는 우리 생활에 긴밀하게 연계되어 있다. 결국 메타버스 역시 우리 생활의 일부가 될 수 있다는 뜻이다.[2]

메타버스는 사람들이 아바타로 사회화할 수 있는 몰입형 디지털 환경이다. 그런데 메타버스는 독립적이며 제품보다 기술 개념에 가깝기 때문에 단일 공급 업체가 단독으로 소유하지 못한다. 그래서 일부 학자들은 메타버스를 인터넷의 차세대 버전이라고도 설명하기도 한다. 메타버스는 이제까지의 인터넷보다 더 확장된 가상 공간인 것이다. 이는 메타버스에서 토지, 건물, 아바타를 비롯해 기타 물리적 개체를 암호화폐로 마음대로 사고파는 공유 가상 공간을 만드는 것으로도 알 수 있다.

그러므로 메타버스를 가상 경제, 합성 경제라고 설명하기도 한다. 참여자가 암호화 통화를 사용해 가상 상품을 생성, 구매, 판매할 수 있는 가상 세계에 존재하는 경제라는 뜻이다. NFT는 디지털 예술이나 음악 같은 독점적인 블록체인 기반의 디지털 자산이며 종종 집이나 자동차와 같은 토큰화된 물리적 자산으로 구성된다.

현실 세계에서 메타버스를 활용하는 대부분의 플랫폼은 특정 플랫폼에 연결된 가상 ID, 아바타, 상품을 제공하고 있다. 그러나 미래의 시나리오에서는 메타버스를 사용해 어디든 가져가고, 다른 플랫폼과 연결하는 행동하는 주체를 만들 수 있다. 현재 많은 소셜 미디어 플랫폼이 있는 것처럼 여러 메타버스가 연결될 가능성도 있다.

메타META가 전자 상거래를 비롯한 여러 기능을 통합하자 이를 더 이상 소셜 미디어 앱으로 간주하지 않는 것도 주목할 만한 일이다. 메타에서 참여자는 단순히 디지털 옷장에 정보를 입력해 가상의 옷을 사고파는 가상 세계를 만들 수 있지만, 이것이 가능하려면 다음 부분이 동반되어야 한다.[3]

① 인프라 : 5G, 와이파이, 클라우드, GPU와 같은 연결 기술

② 하드웨어 : VR 헤드셋, AR 안경, 모바일 장치

③ 공간 컴퓨팅 : 3D 시각화, 모델링 프레임워크

④ 제작자 경제 : 도구, 디지털 자산, 전자 상거래 시설 설계

⑤ 소프트웨어 : 블록체인, 인공지능, 에지 컴퓨팅, 혼합현실MR 모바일 애플리케이션

이처럼 여러 가지 기본 사항이 필요하다는 것은 메타버스가 가야 할 길이 만만치 않다는 것을 의미한다.

몰입형 3D 환경에서는 고품질의 결과를 생성하기 위해 많은 컴퓨팅 성능이 필요하다. 보안도 만만치 않은데, 이러한 요소들이 메타버스의 활성화에 걸림돌이 될 수도 있다. 학자들은 메타버스가 비즈니스 영역에서 성과를 냈다고 평가하며, 이에 따라 하드웨어, 소프트웨어 기술이 더 발전하면 메타버스의 미래도 밝을 것이라고 보았다. 그러므로 메타버스를 실생활에서 사용할 수 있는 방안을 여러 분야로 나누어 분야별로 진행하자고 제안했다. 메타버스가 더 이상 공상과학 개념이 아니라 우리의 실제 생활 영역에서 성공할 수 있다고 판단한 것이다.

메타버스를 비즈니스에 활용해 성공한 분야는 그야말로 다양하다.

① 온라인 아바타용 의류와 액세서리 구매 및 판매.

② 디지털 토지 구매.

③ 가상 주택, 사무실 구축.

④ 사교 모임, 행사, 콘서트.

⑤ 몰입형 커머스로 이어지는 가상 쇼핑몰.

⑥ 몰입형 학습을 위한 가상 교실.

⑦ 디지털 아트, 수집품, 자산NFT 구매.

⑧ 디지털 아바타를 통한 직원, 고객 서비스, 영업, 기타 비즈
니스 상호작용.

학자들은 메타버스를 활용한 비즈니스 목록이 끝없이 이어
질 것이라고 예상한다. 메타버스에 무한한 가능성이 있다는 말
이다. 지구인들이 인터넷을 일상생활처럼 사용하는 것처럼 메타
버스 기술이 미래를 열어 갈 수 있을 것이다. 물론 이들 비즈니스
가 본격적으로 활성화되기 위해서는 가상현실 세계에서 일어날
수 있는 부작용을 먼저 살펴봐야 한다는 지적도 있다. 메타버스
를 고려할 때 좋은 것, 나쁜 것, 못생긴 것에 대해 더 많이 파악해
야 한다는 것이다.[4]

메타버스 개념이 블록체인 기술NFT을 통해 활성화된 웹 기
술을 통합하기 시작함에 따라 미래의 메타버스가 여러 측면에서
우리의 현실 세계와 매우 유사하고, 심지어 일부 분야에서 우리

참여자와 개발자 모두 많은 이익을 얻을 수 있다면 메타버스의 전망은 무궁무진하다.

의 일이나 활동을 대체할 것이라는 데는 의문의 여지가 없다. 그런데도 미래의 메타버스가 인간에게 궁극적으로 무엇을 제시할 수 있을지는 고민해보아야 한다.

흥미로운 것은 일부 메타버스 의류와 신발 업체들이 메타버스 게임에서 NFT를 사용할 수 있도록 하자, 많은 회사가 여기에 참여한다는 점이다. 또 많은 NFT 마니아가 NFT를 게임의 가상 토지에 투자하고, 판매하거나 임대하고 있다. 이런 거래를 통해 재정적으로 수익을 얻게 되면 메타버스와 NFT에 더욱더 매력을 느낌은 물론이다. 한마디로 참여자와 개발자 모두 많은 이익을 얻을 수 있다면 메타버스의 전망은 무궁무진하다. 메타버스의 경계를 기하급수적으로 확장시켜 새로운 경제와 새로운 문화를 창출할 수 있다는 것을 단적으로 보여준다.

2장

메타버스의
산업적 활용 사례는?

메타버스가 게임, 엔터테인먼트, 교육 등 많은 분야에서 활용되는 것은 이해한다 해도 산업체에서 적극 도입하고 있다는 말은 의아할 수도 있다. 사실 게임 등으로 잘 알려진 메타버스가 산업체의 하드웨어 공정에 활용되는 것이 쉽게 연상되지 않기 때문이다. 그러나 메타버스의 진면목은 산업체에 있다는 것을 알면 놀랄 것이다. 현재 수많은 산업체에서 실질적으로 적용하고 있는데, 대표적인 활용 사례만 설명한다.

스마트 팩토리

제품 생산 과정에 다양한 정보통신 기술을 적용해서 생산 효율을 향상시키는 공장을 스마트 팩토리Smart Factory라 부른다. 스마트 팩토리의 핵심은 증강현실이다. 이 기술을 적용해 제조 현장이나 공장의 환경까지 변화시킬 수 있다.

증강현실을 적용한 작업 현장에서 근로자들은 실물 위에 겹쳐 보이는 이미지를 통해 작업 진행에 필요한 다양한 정보를 얻을 수 있다. 작업에 필요한 각종 부품 정보, 재고 현황, 전체 조립 도면, 공장 가동 현황은 물론 제품의 생산 시작부터 완료까지 걸리는 시간 등을 손쉽게 파악할 수 있다. 이런 정보는 작업 과정의 오류를 최소화하고 작업 중단 등 각종 사고를 대폭 예방할 수 있어 결과적으로 제품의 품질 향상을 돕는다.

전투기 조립 공정을 보면 엔지니어들을 교육하는 데에만 수년이 걸리는데, 조립 공정에 증강현실을 도입하면 엔지니어들이 부품 정보를 확인하고 그 부품을 조립해야 하는 위치와 작업 방법까지 실시간으로 파악할 수 있다. 실제로 전투기 조립에서 증강현실을 도입하자 작업의 정확도는 90퍼센트, 생산 속도는 30퍼센트나 향상되었다고 한다.

보잉사는 보잉 747-8 항공기의 배선 작업에 증강현실을 적용해 작업 시간을 25퍼센트 단축하고 작업 오류율 0퍼센트를 달성했다고 발표했다. 유럽의 에어버스에서는 제작 중인 항공기의 모든 정보를 엔지니어들에게 3차원으로 제공하고 있는데, 브래킷 검사에 필요한 소요 시간을 3주에서 단 3일로 단축했다고 보고했다.

앞에서 얘기했지만, 2023년 9월 26일 건군 75주년 국군의 날 기념 시가행진에 나타난 정조대왕함도 바로 이런 기술이 접목된 사례이다. 정조대왕함은 증강현실로 구현돼 광화문 서울광장 인근 도로를 지나갔는데, 만재 배수량 1만 톤 이상으로 함대지艦對地 순항미사일, '해궁' 국산 요격미사일, 미국제 SM-6 요격미사일 등으로 무장한 막강한 위용을 자랑했다.

증강현실은 제품을 유지 보수하는 데에도 적용될 수 있다. 현장 작업자들에게 헤드셋이나 태블릿으로 유지 보수가 필요한 부분을 정확하게 알려주고, 어떤 부분을 어떤 부품으로 어떤 작업 과정을 거쳐 고칠 수 있는가도 제시한다. 그러므로 작업자가 유지 보수가 필요한 공간으로 직접 이동하지 않고도 문제를 해결할 수 있다. 멀리 떨어진 곳에 있는 고객에게 기계 설비 등에 문제가 생겼을 때 엔지니어가 자신의 사무실이나 집에서 증강현실을 통해 기계 설비에 발생한 문제점을 현장감 있게 파악하고 대응책을 제시해줄 수 있다.

BMW는 18개월 동안 진행되는 제작 엔지니어 교육에 증강현실을 도입했다. 증강현실을 도입하기 전에는 숙련된 교관이 엔지니어와 1 대 1 교육을 진행했으나, 증강현실을 도입하자 교관 한 명이 엔지니어 세 명을 동시에 교육할 수 있었다.

증강현실은 안전도 향상, 작업 시간 단축, 품질 개선, 원가 절감 등에 한몫해 생산 현장은 물론 공장의 틀을 바꾸어주고 있다. 미래의 어느 날에는 대형 공장이라도 집이나 사무실에서 메타버스를 통해 생산 공정을 진행할지도 모른다.[5]

건설 산업의 메타버스

메타버스가 건설 부분에서 획기적인 혁신을 이루고 있다는 것은 잘 알려진 사실이다. 실시간 3D 기술은 인간이 인식하는 속도보다 빠르게 상호 작용하는 콘텐츠를 생성하는 컴퓨터 그래픽 기술이라 볼 수 있다. 여기에서 '상호작용'이란 콘텐츠의 방향이 일방성이 아니라 서로 영향을 미친다는 뜻이다. 3D 영화는 관객에게 수동적인 경험만 제공하지만, 3D 게임은 플레이어에게 현실감을 주고 자기 경험을 제어하게 하며 몰입감 높은 디지털 현실을 만들어준다.

3D 기술을 가장 많이 활용하는 분야는 건축, 엔지니어링. 건설 업계 등이다. 전문가들은 가상현실과 증강현실 기반의 실시간 3D 솔루션이 이 분야들의 많은 문제점을 제거할 수 있다고 말한다. 현재 많은 건설 기업에서 실시간 3D 기술을 메타데이터, 센서 같은 데이터 소스의 정보에 결합해 실제와 흡사한 건물의 디지털 모델을 제작해 활용한다. 이들이 3D 모델을 이용하는 것은 단순하다.

현재 많은 건설 기업에서 실시간 3D 기술을 메타데이터, 센서 같은 데이터 소스의
정보에 결합해 실제와 흡사한 건물의 디지털 모델을 제작해 활용한다.

① 비용 절감

설계, 엔지니어링의 결함을 사전에 파악해 프로젝트 일정을 조
절할 수 있다.

② 고객 유치에 활용

고객에게 건물을 가상현실로 선보이거나 인상적인 증강현실로
완공된 뒤의 모습을 보여주어 고객 유치에 활용.

③ 준공과 프로젝트 공정 관리

가상현실, 증강현실과 다양한 소프트웨어 데이터를 하나의 모델
로 통합해 공사 기간 단축 가능.

미국 미네소타주의 건설회사 모텐슨은 병원 설계를 가상현실로 시뮬레이션해 환자의 치료 절차와 동선을 간소화하고, 직원의 업무 효율을 높여 많은 예산을 줄일 수 있었다고 발표했다. 가상현실과 360도 동영상을 사용해 병원을 설계하고 문제점 등을 개선했기 때문이다.[6]

자동차 산업의 메타버스

산업계에서 자동차는 무엇보다 중요한 분야이다. 이런 자동차 제조업체에서 메타버스가 본격적으로 활용하고 있다는 것은 잘 알려진 사실이다. 지금 자동차 시장은 전기차, 수소차, 자율주행 차량까지 그야말로 각축장이다. 자동차 산업이 중요한 것은 자동차에 들어가는 기술들이 차량 제조업체에만 국한되는 것이 아니기 때문이다.

현대 사회에서 자동차는 움직이는 가전제품이라고 불릴 만큼 다양한 기술들의 융합체이다. 자동차의 기계화, 전동화는 반도체와 모든 전기, 전자 장비 등이 탑재되는 것을 의미한다. 자동차야말로 첨단화 현장이라고 볼 수 있다. 특히 자동차 제조 산업의 트렌드가 가상현실, 증강현실(확장현실)을 이용한 자동차 제조 트레이닝, 디자인과 부품 설계, 제품 판매 솔루션으로 변하면서 메타버스와의 융합도 자연스럽게 진행되고 있다.

독일의 아우디는 가상현실 자동차 프로그램을 통해 고객에게 승차 경험을 제공한다. 아우디는 자사 자동차 모델의 다양한 내외장 색상, 인테리어 디자인 등을 가상현실로 간접 경험하도록 제공해 고객이 차량을 선택하는 데 도움을 주고 있다. 기아자동차도 순수 전기 차량인 'EV6'를 론칭하면서 마치 시승하는 느낌을 받도록 가상현실 시승 서비스를 제공한다. 렉서스는 실시간 3D 렌더링을 이용해 차량 내부와 외부를 구성해보는 서비스도 제공한다.

자동차 분야에서 메타버스의 진가는 제작 과정에서 두드러진다. 자동차 부품은 4차 산업혁명에 발맞춰 갈수록 고도화되고 있으며, 특히 엔진은 부품이 약 1000개나 된다. 특정 엔진의 CAD 데이터를 기반으로 하는 증강현실 맵핑 프로그램은 엔지니어들이 엔진과 트랜스미션 등 자동차 파워트레인 시스템을 더 빠르게 이해하면서 안전하게 조립하는 데에 도움을 준다.

BMW는 자율자동차에 메타버스 프로그램을 적극적으로 도입하고 있다. BMW는 자율자동차의 사전 개발 로드맵을 만들고, 수백만 개의 시뮬레이션 시나리오를 가상 세계에서 확인한다. 사실 자율자동차 개발에 필요한 모든 데이터를 실제 도로에서 수집할 수는 없다. 사고 위험이 있기 때문이다. BMW는 실제 기술이 적용되기 전 95퍼센트에 해당하는 자율주행 테스트를 메

자동차 회사에서 가상현실을 제조 과정에 투입하는 것은 사회적,
비용적인 측면에서 큰 이점이 있기 때문이다.

타버스의 가상 차량을 이용해 진행한다.

이렇게 자동차 회사에서 가상현실을 제조 과정에 투입하는 것은 사회적, 비용적인 측면에서 큰 이점이 있기 때문이다. 현실에서는 시범 운행을 하려면 차량을 직접 만들고 이를 시험하기 위한 각종 허가도 받아야 하지만, 메타버스 안에서는 이를 거치지 않아도 성능을 시험할 수 있다.

물론 이런 경우 정확도에 대한 의문이 존재한다. 현실과 가상 세계가 다르기 때문이다. 그런데 이 부분도 실제 물리적인 법칙을 가상 세계에 복사하는 옴니버스 같은 플랫폼이 등장해 상당 부분 문제점을 해소하고 있다. 또한 테스트 도중 즉각적이고 시각적인 결과물을 받을 수 있고 특별한 센서가 없이도 모든 데

이녀를 수치화할 수 있어 더 효율적이라는 주상도 있다.

자동차 업체에서 가장 크게 주목하는 것은 디자인 설계 부분이다. 실시간 3D 기술로 디자이너와 자동차를 동일한 상호작용 공간에 배치할 수 있다. 3D 기술은 자동차 설계 단계에서 중요한 디지털 시각화와 3차원 모델링이 가능하다. 차량 모델이 가상 공간에 존재하지만, 확장현실XR 헤드셋을 착용하면 같은 모델에서 실시간으로 협업도 가능하다. 디자이너들이 실시간 3D 기술을 통해 업무 오류를 줄이고, 반복 작업에 드는 시간과 비용을 감소시키므로 보다 효율적으로 결과물을 만들어낼 수 있다.

4차 산업혁명의 중추가 되는 자율주행 시대로 넘어가면 차량의 디스플레이는 과거와 비교할 수 없을 정도로 많은 첨단 기능을 탑재한다. 일종의 컴퓨터 모니터와 유사해진다. 자동차의 거의 모든 기능이 대형 스크린 디스플레이를 통해 작동하며, 그만큼 차량에서 차지하는 면적이 확대된다. 그러므로 미래의 자율자동차에서 운전자가 직접 운전하지 않고 차 안에서 온라인 콘텐츠를 소비하거나 영화를 볼 수도 있다. 이는 차량 조작을 줄여 사람의 불필요한 개입을 막고, 이를 통해 여유 시간을 활용할 수 있게 만드는 것이 자율자동차가 꿈꾸는 미래이기 때문이다. 이러한 측면에서 메타버스가 자동차에 기여할 부분은 타의 추종을 불허한다.[7]

3장

AI는 미래의 메타버스에서
어떤 역할을 할까?

일부 학자들은 메타버스야말로 지구인들이 오랫동안 예견했던 '제2의 삶'을 견인할 수 있다고 말한다. 메타버스도 인터넷 같은 가상 세계이지만 몰입형 경험을 가능하게 하고 참여자가 자신이 원하는 것을 직접 생성하게도 한다. 이러한 메타버스에서 인공지능AI이 핵심이 되리라는 것은 누구라도 예측할 수 있다.[8] 본격적인 메타버스를 구축하려면 AI의 총체적인 도움이 필요하기 때문이다.

그렇다면 실무적으로 메타버스에서 AI는 무슨 역할을 할 수 있을까? 현재 메타버스의 가장 큰 단점 중 하나는 가상현실, 증강현실, 혼합현실 등에 접하기 위해 헤드셋을 사용해야 한다는 점이다. 렌즈가 있는 크고 무거운 헬멧을 쓰는 것이 결코 만만한 일은 아니다. 게다가 헬멧을 실내에서 오래 사용하면 두통을 비롯한 여러 가지 부작용을 유발할 수 있다는 연구 결과도 나왔다.

학자들은 이런 문제점을 해결할 수 있는 것이 바로 AI라고 말한다. 가상 세계에서 우리가 무엇을 얻고 무엇을 경험할 수 있을지 보여줄 결정적인 도구가 AI라는 것이다. 메타버스에 AI를 적절하게 도입해야 보다 활성화된 가상 세계를 만들 수 있다는 뜻이다. 그렇다면 인공지능은 메타버스에 어떻게 들어갈 수 있을까?

인공지능은 인간과 유사한 행동을 생성하기 위한 입력으로 자연어 프롬프트를 사용하는 데 초점을 맞춘 컴퓨터과학의 특수 영역이다. AI 시스템은 프로그래밍된 지침에 따라 자율적인 행동, 추론, 학습이 가능하다. 메타버스에 부합하는 인공지능의 핵심 특성을 파악해 메타버스에서 AI가 어떤 역할을 할지 자세히 알아볼 수 있다. AI는 정보를 처리하고 자연어를 이해할 수 있는 기계 개발에 중점을 둔다. 이러한 기계는 인간처럼 데이터를 처리하고 결정을 내리며, 매일 인간이 생성하는 데이터를 처리하는 기능을 수행한다.

인공지능의 또 다른 중요한 특징은 더 빠르고 효율적인 데이터 처리 능력이다. 메타버스의 인공지능 애플리케이션은 기계 학습 기능을 사용해 메타버스에서 생성된 데이터를 사용한다. AI는 데이터를 처리해 패턴을 식별하고 패턴에서 학습해 성능을 향상시킬 수 있다.

흥미롭게도 사람들은 정보를 얻기 위해 일상생활에서 간단한 AI 시스템을 사용하기도 한다. 예를 들어, 제품 검색을 기반으로 한 명령에 놀라운 일을 해낸다. 현재까지 인공지능에 관한 대부분의 연구는 사용자에 대한 AI의 관련성을 높이는 데 초점이 맞춰져 있다. 인공지능 연구의 공통 주제는 인간 행동과 물리적 세계를 이해하는 것이다.

AI가 생성한 메타버스에 대한 전망은 미래에 현실로 바뀔 것이다. 정적인 경험보다는 상황에 맞는 경험에 초점을 맞춘 컴퓨팅의 변화 추세에 주목하는 것이 중요하다. 우리 주변의 장치는 AI로 우리의 요구를 이해하고 예측하는 데 점차 적응하고 더 좋아지고 있다.

메타버스 기술은 가상 세계와 실제 세계 사이의 격차를 해소하는 개방적이고 공유되며 지속적인 3차원 세계를 나타낸다. 어떤 사람들은 메타버스를 인터넷의 3D 버전으로 묘사하기도 하지만. 메타버스는 공유된 온라인 공간에서 물리적 현실, 가상현실, 증강현실을 포함한 다양한 기술의 조합을 포함한다.

메타버스를 AI를 사용했을 때의 장점은 가상 공간에서 디지털 활동으로 생성된 데이터를 활용하는 데 도움이 된다는 점이다. 메타버스 기술은 사용자가 시각적 정보를 생성하고 상호작용할 수 있는 직관적인 인터페이스를 통해 몰입형 경험을 제공한다. AI는 메타버스의 개발 속도를 향상하는 데 도움이 될 수 있다. 실제로 많은 기업이 자체 메타버스 플랫폼을 만드는 데 적극적이다. 인공지능은 메타버스 개발 프로세스의 속도를 높이는 데 중요한 역할을 할 것이며, AI와 메타버스의 결합은 새로운 기회를 열어줄 것이다.

메타버스 개발자라면 인공지능을 활용해 완전히 새로운 메타 세계를 구상하려고 할 것이다. 신기술이 개발되면 항상 지적되는 사항이지만, 메타버스에 AI를 구현하면 어떤 이점이 있을지는 알 수 없다. 그래서 먼저 내가 가상 상품이나 NFT를 판매할지, 가상 세계에서 티셔츠를 판매하려는 3D 아티스트나 디자이너 역할만 할지, 아니면 직접 판매할지, 광고를 그냥 배너에 띄우기만 할지 등 목표가 뚜렷해야 한다.

물론 현재도 메타버스에서 AI를 응용하는 프로그램이 가동되고 있지만 이것이 만만찮다. 인공지능 자체가 광범위한 분야를 포괄하고 있기에 자연어 처리, 컴퓨터 비전, 기계 학습과 추론 같은 많은 분야를 다루어야 한다. 한 예로 AI에게 인간의 눈으로 세상을 보고 인식하는 방법 등을 학습시키려면 민족마다 언어가 다르기에 AI는 전 세계적으로 사용되는 많은 언어를 곧바로 이해해 다른 나라에서 접촉하는 참여자와 통해야 한다. 만만하지 않은 일임을 이해할 것이다.

또 다른 과제는 이러한 기술을 우리 삶에 매끄럽게 통합하는 방법을 찾는 것이다. 메타버스는 전 세계를 아우르므로 데이터 통찰력에서 자동화에 이르기까지 AI 기술을 전략에 통합하는 것이 매우 중요하다. AI가 메타버스를 통해 사람들이 상상력의 지평을 넓히고, 더 많은 지식을 공유하고, 브랜드와 상품을 판매하고, 가상 창작물을 만질 기회를 줄 수 있다고 설명한다.[9] 인공지능이 메타버스에서 가장 중요한 역할을 담당하는 것은 전 세계에 산재한 참여자들이 원활한 대화를 나누도록 해줄 수 있다는 점이다.[10]

학자들은 AI 시대가 인간의 생각과 사생활에 대한 근본적인 의문을 불러올 수 있다고 지적한다. 인공지능을 활용하는 수많은 분야 가운데 특히 자율주행 자동차, 드론, 군사용 로봇 등에서 윤리적인 문제도 만만치 않다. 학자들은 AI로 어떤 주제를 실행했을 때 정확히 무슨 일이 일어났는지 설명할 수 있어야 한다고 주장한다.

인공지능의 역할은 사실 지구촌의 수많은 인간성을 기초로 한다. 어떤 획기적인 기술이 인간의 편견을 확인하고, 누구를 어떻게 제어해야 하는지 명확하게 정리하는 것은 기본이다. 새로운 아이디어가 가져올 결과에 대해 책임감을 가져야 한다는 뜻이다.[11]

인공지능의 활약 무대는 메타버스

인공지능이 메타버스에서 활약할 분야는 여럿이다. 그중 실생활에서의 쇼핑은 그야말로 매력적이다. 현재 수많은 패션 브랜드가 메타버스에 참여하는 이유이다. 인공지능 기술이 통합된 가상 쇼핑 창구는 고객의 활동, 구매 내역, 취향, 인구 통계학적 인적 사항을 추적하고 이 데이터를 사용해 새롭고 더 개인화된 의류를 추천하고 구매를 유도한다.

메타버스에서는 공간과 시간을 초월한 쇼핑이 가능하다. 참여자, 즉 쇼핑객이 가상 매장을 돌아다니고, 3D 가상 룸을 통해 온라인상으로 옷을 입어보고, 내가 입은 의상이 어떤 모습인지 360도로 돌려볼 수도 있다. 또한 가상 드라이브를 하면서 마음에 드는 새 차를 살 수 있고, 개인 전문가에게 뷰티 상담을 받거나 액세서리, 선글라스, 메이크업을 할 수도 있다.

인공지능 아바타로 쇼핑하는 것은 이제는 낯설지 않다. 가상 공간에서 자신을 표현하는 디지털 아바타를 만들어 활용할 수도 있다. 디지털 아바타의 매력 중 하나는 의상, 가발, 기타 무엇이든 소유자처럼 보이도록 참여자를 정의할 수 있다는 것이다. 가상 아바타를 위한 물건을 구입하고, 옷을 입히고, 실제와 같은 이미지를 나타내도록 개인화할 수도 있다. 인공지능 기반 아바타를 사용하면 친구와 함께 쇼핑할 수도 있고, 가상 매장을

인공지능 아바타로 쇼핑하는 것은 이제는 낯설지 않다. 가상 공간에서
자신을 표현하는 디지털 아바타를 만들어 활용할 수도 있다.

안내하고 조언하는 판매 보조원과도 쇼핑이 가능하다.[12]

메타버스에서는 AI가 가상현실, 증강현실, 확장현실 등을
통해 사람들이 상상력의 지평을 넓히고, 더 많은 지식을 공유하
고, 브랜드와 상품을 판매하고, 가상 창작물을 만질 기회를 준다.
메타버스에 인공지능을 접목해야 비로소 제 궤도에 들어갈 수
있다는 것이다.[13]

4장

AI 로봇은 미래의 우리에게
어떤 영향을 줄까?

인공지능이 미래의 메타버스에서 어떤 역할을 할지 설명했지만 AI에 대한 학생들의 질문은 그야말로 다양했다. 그만큼 4차 산업혁명에서 AI의 역할에 대해 궁금하다는 뜻일 것이다. 학생들은 인공지능으로 초래될 지구촌에서의 선악에 대해서도 궁금해했다.

아이작 아시모프가 쓴 소설을 영화화한 〈바이센테니얼 맨 Bicentennial Man〉을 보면, 과학이 발달하면 기계와 인간의 차이가 없어질 수도 있겠다는 생각이 든다. 이 영화에서 인간형 지능로봇 앤드류는 인간인 포샤와 사랑을 이룬 후 엉뚱한 꿈을 꾼다. 진짜 인간으로 대접받고 싶다는 것이다. 그는 그 조건으로 죽을 수 있는 존재가 되겠으니, 자신을 인간으로 대접해달라며 법정투쟁을 벌인다. 〈바이센테니얼 맨〉은 미래의 어느 때가 되면 AI가 심부름만 해주는 로봇에는 만족하지 못한다는 것을 알려준다. 학생들은 이 영화가 그리는 세상, 즉 로봇과 인간이 공존하는 유토피아를 궁금해했다.

이런 잔잔한 로봇 이야기들이 감동을 주지만 로봇이 궁극적으로 인간에게 도움만 주는 존재로 남겠느냐는 의문도 제기된다. 기술의 오용이나 남용 가능성에 대한 비판적 견해는 결코 새로운 일이 아니다. 로봇의 반란은 SF물에서 자주 나온다. 이 작품들은 로봇이 오용되거나 남용되면 인류는 종말을 맞이할 수 있다고 경고한다. 역설적이게도 로봇이 반란을 일으킬 정도가 되어야 완벽한 로봇이 태어났다고 인정할 수 있다. 로봇의 미래가 밝기만 한 것은 아니지만, 과학은 그런 정황이 과연 '참'으로 나타날지에 흥미를 보인다.

로봇의 탄생

1960~1970년대만 해도 어린이들이 좋아하는 애니메이션에는 로봇이 주인공으로 많이 등장했다. 〈로보트 태권브이〉, 〈마징가 제트〉, 〈우주소년 아톰〉 등이다. 이 로봇들의 영향이 어찌나 컸던지, 당시에는 SF물이라면 어떤 형태로든 로봇이 등장하지 않으면 흥행에 실패하기 십상이었다.

사실 이들 첨단 로봇은 하루아침에 등장한 것이 아니다. 로봇의 개념은 이미 오래전에 인간의 머릿속에서 태어났다. 그리스 신화 속 조각가인 피그말리온은 상아로 아름다운 인조인간 갈라티아Galatea를 만든다. 본래 여자를 혐오해 결혼을 포기한 채 독신으로 지내온 피그말리온이었지만, 생명이 없는 자기 작품을 짝사랑했다. 사랑의 여신 아프로디테가 그의 간절한 기도를 듣고 갈라티아에게 생명을 불어넣어 준 덕분에 둘의 사랑은 이루어진다. 간절히 원하면 이루어진다는 '피그말리온 효과'는 여기에서 비롯되었다. 인조인간 갈라티아는 현대의 로봇 안드로이드와 다름없다.[14]

현대인들에게 로봇의 개념을 정확하게 이해시킨 것은 1818년에 나온 매리 셸리의 『프랑켄슈타인Frankenstein』이다. 책 내용을 짧게 보자. 화학자 프랑켄슈타인은 의학 연구에 몰두하면서 죽은 사람도 살려낼 수 있다는 신념을 버리지 않는다. 그는 죽은 사람의 몸과 두뇌를 짜맞춘 뒤 강력한 전기 충격을 주면 되살릴 수 있다고 생각했다. 프랑켄슈타인은 조수인 프리츠와 함께 공동묘지에서 시체들을 훔쳐내 실험실로 가져왔다.

문제는 두뇌인데, 프리츠가 대학 실험실에 숨어들어 실험용 뇌를 갖고 나오려다 정상적인 뇌가 들어 있는 보관용 병을 떨어뜨리는 바람에 이상한 뇌만 수집해놓은 병을 갖고 나온다. 그 사실을 모르는 프랑켄슈타인은 바람이 심하게 부는 날 번개를 이용해 시체를 조각조각 이어 붙여 인조인간을 만들기 시작했다.

그의 실험은 성공해 죽은 시체가 살아났지만 외양은 괴물이다. 이름 없는 괴물은 자신의 흉측한 외모에 놀라 도망치는데, 사람들은 괴물을 겁내며 그를 제거하려고 한다. 괴물은 자신을 죽이려는 사람들에게 분노해 점점 광폭해지고 프랑켄슈타인의 약혼자까지 괴물에게 희생되자 프랑켄슈타인은 최후의 일전을 벌일 결심을 한다.

프랑켄슈타인의 괴물은 인간 육체의 각 부분을 정확하게 맞춰놓은 살아 있는 인간으로 설명된다. 엄밀하게 볼 때 괴물은 인간의 뇌로 복원시킨 것이 아니므로 태생적으로 인간이라 부르기에는 한계가 있다. 하지만 작가는 괴물이 자아를 인식하고, 자각도 갖고 있다고 설명한다. 당시에는 로봇이라는 개념이 없어 작가가 괴물의 성격을 인간의 두뇌가 없는 인간형이라고 얼버무렸음에도, 프랑켄슈타인의 괴물이 인간과 같은 생활을 할 수 있다는 뜻에서 인조인간이자 현대적 의미에서 로봇의 기원이라고 설명하기도 한다.

프랑켄슈타인을 창조한 메리 셸리는 자신과 결혼하기 위해 아내와 아이를 버린 퍼시 비시 셸리와 결혼해 함께 여행을 떠났다. 그녀는 독일의 한 성에서 머무를 때 성주였던 요안 콘래드 디플이라는 사람에 대해 듣는다. 그는 17세기 연금술사로 냉혹한 성격이었으며, 실험을 위해 무덤을 파헤쳐 시체를 모았다. 그는 생명을 연장해주는 '디플의 기름'을 만들었는데, 자신이 만든 물질의 효과를 알기 위해 직접 먹었다가 죽었다고 한다. 그가 죽었다는 고성의 이름이 바로 프랑켄슈타인이다.[15]

로봇의 등장

로봇이라는 개념이 과거부터 알려졌지만 엄밀한 의미에서 로봇이 세상에 태어난 시기는 20세기 초이다. 학자들 대부분은 체코의 극작가 카렐 차페크Karel Capek가 1920년에 발표한 희곡『로숨의 유니버설 로봇Rossum's Universal Robot』을 로봇의 원조로 인정한다. 차페크가 비로소 로봇을 의미하는 '로보타(Robota)'라는 단어를 사용했기 때문이다. '로보타'는 우리말로 '일하다' 혹은 '강제노동'의 뜻이다.

차페크는 인조인간의 이름에 체코어로 '강제노동'을 의미하는 'robota'에서 'a' 자를 빼고 'robot'이라는 신조어를 붙였다. 차페크는 로봇을 노동하기 위해 창조된 인조인간으로 생각했기 때문이다. 체코, 슬로바키아, 폴란드 등 동유럽에서는 과거부터 로봇이라는 단어를 노동과 연관 지었다. 동유럽과 연계가 많고 유럽의 로봇 산업을 주도하는 독일에서도 로봇이라는 단어는 곧바로 '노동자'를 연상한다. 유럽에서 로봇 제품이 대부분 노동력을 대체하는 산업용 기계의 틀에서 벗어나지 못하는 이유

기계는 운전자가 조정하는 대로만 움직이지만, 로봇은 스스로 상황을 판단해
움직임을 결정할 수 있다. 지능의 유무가 차이점이다.

이다.[16]

　지금 단계에서는 로봇과 기계의 구분이 다소 애매모호하지
만 학자들은 대체로 다음으로 구분한다. 기계는 운전자가 조정하
는 대로만 움직이지만, 로봇은 스스로 상황을 판단해 움직임을
결정할 수 있다는 것이다. 즉, 지능이 있느냐 없느냐의 차이다.

　퀸메리런던대학교의 스링그 교수는 로봇에 대한 정의를 좀
더 명확하게 내렸다. '팔과 손을 가지고, 인간에게 프로그램되어
여러 가지 연속 동작이나 운반 작업을 하고, 주위를 잘 보고, 애
초부터 결정된 방법으로 자기의 운동을 조절해 움직일 수 있는
기계'라고 정의했다. 그는 로봇의 조건으로 다음을 제시했다.

① 인간에게 복종할 것.

② 물건을 잡거나 운반할 수 있을 것.

③ 주위 상황의 변화에 응할 수 있을 것.

④ 자기 스스로 움직여 돌아다닐 것.

인간의 단순 작업을 대신하거나 위험한 작업 환경에서 인간을 대신하던 역할만이 로봇에게 주어진 임무라고 생각하는 시절이 지나갔다는 의미이다. 로봇학자들은 인간보다 더욱 정확하고 빠르며 인간에게는 불가능한 일을 수행하는 로봇을 개발하는 데 주력한다.[17]

5장

미래에는 AI가 인간을
지배할 수 있을까?

로봇, 즉 인공지능AI은 4차 산업혁명을 주도할 과학기술 중 하나이다. 문제는 미래의 로봇이 인간을 위해서만 준비되지 않을지도 모른다는 점이다.

흔히 로봇이라고 하면 인간을 위해 봉사하는 '아톰', '마징가 제트', '로보트 태권브이', 산업체에서 작동되는 기계로봇, 가정에서 활용되는 가사용 로봇, 의료용 로봇, 전장에서 인간을 대신하는 로봇 등을 연상하지만 그 이면에는 악당 로봇도 함께 존재한다. 사실 아톰, 마징가 제트', '로보트 태권브이' 등은 악당 로봇이 존재하기 때문에 힘을 발휘한다. 문제는 SF물과는 달리 악당 로봇이 선한 로봇을 이길 수도 있다는 점이다. 학생들이 던지는 질문의 핵심이다.

SF물이 그리는 미래는 놀라운 상상력으로 가득하다. 미래에 대한 예측은 그럴듯한 것부터 무시무시한 공포에 이르기까지 다양하다. 특히 로봇의 미래는 긍정보다 부정적으로 보는 학자가 많다. 정보 만능 시대로 들어서면서 고차원적인 기술이 더욱 저렴해지고 접근이 쉬워지면, 자칫 많은 사람이 대량 살상 무기를 가질 수 있다는 것이다. 여기에서 말하는 대량 살상 무기는 원자폭탄 등이 아니라 인공지능을 장착한 로봇 등이다.[18]

핵폭탄은 일부 선진 국가들만 갖고 이를 통제하지만 생명공학이나 나노기술, 로봇공학이 발전하면 소규모 집단이나 심지어 개인들까지도 파괴적인 로봇을 확보할 수 있다. 이 경우 대형 군사 무기처럼 국가가 견제하는 수단이 개인들에게도 적용될 것이라는 보장이 없다. 수억, 수천만 명이 사용하는 소규모 나노 로봇이나 소형 로봇을 파괴적으로 변형시킬 수 있는 기술을 일반인들이 갖는다면 수억, 수천만 명에 달하는 모든 인간이 세계 시민으로 남아 있을 확률이 거의 없다는 데 문제가 있다.

인간의 적이 되는 로봇

SF에 등장하는 로봇의 특성은 대체로 인간이 갖지 못한 초능력을 가졌다는 점이다. 초능력을 가진 로봇은 주제에 따라 선한 로봇으로 등장하기도 하지만, 반대로 악당 로봇이 인기를 끌기도 한다. 작가의 상상에 따라 로봇의 활동 무대를 마음껏 넓힐 수 있기 때문이다. 문제는 이런 시나리오가 현실과 접목되면 로봇이 디스토피아를 만드는 장본인이 될 수도 있다는 것이다.

인류의 미래가 로봇에 의해 불투명해지는 상상을 담은 SF 물이 많다. 달리 보면 이 작품들에 등장하는 미래의 로봇이야말로 앞으로 로봇이 어디까지 발전할지 미리 보여주는 셈이기도 하다.[19] 영화 〈포트리스〉는 로봇의 세계가 가져올 부정적인 미래를 매우 적나라하게 보여준다.[20] 이 영화에서 로봇은 인간을 통제하기 위해 로봇을 사용하는데, 그 정도가 상상을 초월한다. 영화를 잠깐 따라가 보자.

기계, 즉 로봇이 인간을 통제하는 미래 세계에서 자원이 고갈되고 인구가 폭증하자 한 아이만 낳아야 하는 법이 제정된다. 여성의 추가 임신은 철저히 금지되고, 새로 태어난 생명은 로봇이 기계 인간으로 만들기 위해 부모와 격리 수용한다. 전직 특공대 대령 존 브레닉은 아내 수잔이 둘째아이를 갖자 인구 증가를 통제하는 멘텔사를 피해 도피하지만, 검문에 걸려 죽음의 수용소 '포트리스'에 수감된다. 수잔 역시 포트리스에 수감되는데, 수용소장이 수잔에게 반해 존의 목숨을 살려준다며 그녀의 사랑을 구한다. 수잔은 남편을 살리기 위해 그 제안을 받아들이는데 놀랍게도 수용소장은 늙지 않는 안드로이드다.

영화에서처럼 인간과 다름없는 안드로이드가 태어난다면 인간은 그들의 본모습을 알아차리지 못할 것이다. 더구나 늙지 않는다는 이점을 갖고 있으므로 인간을 조종하고 지배하는 것이 무리한 설정은 아니라고 본다. 영화에서 주인공들은 수용소장 등 로봇의 만행으로 일어나는 여러 가지 문제점을 슬기롭게 해결한다. 하지만 정말로 로봇이 인간과 사랑을 나눌 수 있다면, 영화의 결말처럼 희망이 있는 미래가 보장될지는 확신할 수 없다는 것이 영화가 주는 메시지이다.[21]

미래에 태어날 수 있는 로봇의 모든 것을 보여주는 영화는 제임스 카메론 감독이 메가폰을 잡고 전 세계적으로 대단한 흥행에 성공한 〈터미네이터〉 시리즈이다. 처음에 영화를 제작할 때는 SF물로는 그야말로 푼돈이나 마찬가지인 600만 달러를 투입했는데, 1984년 영화가 출시되자마자 전 세계인들을 충격으로 몰아넣어 무려 8000만 달러의 수입을 얻었다. 이처럼 폭발적인 반향을 일으킨 것은 과학기술을 비교적 충실하게 접목시킨 공도 있다. 〈터미네이터〉의 기본 틀은 다음과 같다.

미국의 군수 업체로 국방부 군사용 컴퓨터를 제공하는 사이버다인시스템스Cyberdine Systems사는 미군의 모든 스텔스 폭격기를 컴퓨터 시스템과 연동해 자동화하는 데 성공하고, 자동화 전투 통제시스템인 스카이넷Sky-Net을 표준 전략방어 시스템으로 채택했다. 그런데 스카이넷의 인공지능이 비약적으로 발전해 자가 인식을 하기 시작한다. 컴퓨터의 자가 인식에 놀란 인간들은 스카이넷의 전력을 끊으려 했다. 이에 대항해 스카이넷은 인류와의 전쟁을 개시하고, 러시아를 향해 핵미사일을 발사했다. 지구는 걷잡을 수 없는 핵전쟁의 혼돈 속으로 들어간다.

영화에서는 핵전쟁이 일어나는 날을 '심판의 날'이라 지칭하며, 이날 무려 30억 명이나 되는 수많은 인류가 사망한다. 이어서 기계, 즉 스카이넷 프로그램으로 조종되는 로봇과 인간과의 혈투가 시작된다. 전 세계를 묶어 인간에게 도움을 주는 네트워크가 오히려 인간을 파멸로 몰아갈 수 있다는 시나리오이다. 수많은 로봇이 서로 자아(프로그램)를 복제하면서 개성 있는 개체가 되는데, 이들 간의 소통은 무한히 펼쳐진 네트워크의 바다를 활용한다. 로봇들이 네트워크로 지능과 개체를 빛의 속도로 퍼뜨리기에 인간들은 이에 적절하게 대항하지 못한다.[22] 이어 진행되는 내용을 보자.

핵전쟁의 참화로 30억의 인류가 사망하며 남은 인간들은 기계의 지배를 받아 시체를 처리하는 일 등에 동원된다. 이때 비상한 지휘력과 작전으로 인간들을 이끌던 사령관 존 코너는 반기계 연합을 구성, 기계와의 전쟁을 시작하면서 상황은 반전된다. 이에 기계는 존 코너의 탄생 자체를 막기 위해, 2029년 어느날 타임머신에 '터미네이터'를 태워서 1984년의 LA로 보낸다. 이 터미네이터는 총으로는 끄떡도 않는 신형 모델로 인간과 똑같은 모습의 침투용 사이보그이다.

이 정보를 입수한 존 코너는 카일 리스라는 젊은 용사를 보내 그의 어머니를 보호하게 한다. 식당에서 일하던 사라 코너는 터미네이터에게 쫓기기 시작하고, 카일에게 모든 상황에 대한 설명을 듣는다. 미래에 자신이 낳은 아이가 핵전쟁 생존자들을 모아 기계에 반항하는 것을 두려워한 나머지 터미네이터가 그녀를 죽이려 한다는 것이다.

카일과 터미네이터의 아슬아슬한 결투로 기계 조직이 노출될 때까지 터미네이터는 집요하고 끈질기게 추적해온다. 카일과 사라는 함께 도망 다니면서 사랑에 빠진다. 마지막으로 카일은 자신을 희생하며 대폭발을 유도하지만 터미네이터의 추적은 계속된다. 위기일발의 사라는 압축기로 터미네이터의 자취를 사라지게 한다. 몇 달 후 사라는 지구의 인간성을 회복해줄 카일의 아이를 낳게 되며, 결국 미래의 사령관 존 코너는 태어난다.

〈터미네이터〉의 후속편인 〈터미네이터 2〉에서는 변형 터미네이터 액체금속 인간이 등장해 전 세계의 관객들을 깜짝 놀라게 했다. 액체금속 살인기계인 모델 T-1000은 총탄을 맞아 몸에 구멍이 뚫리면 금방 액체금속의 피부가 뚫린 구멍으로 흘러 들어 가는가 하면, 폭탄을 맞아 조각조각 부서져도 몽땅 녹아버린 뒤 다시 본래의 모습으로 되돌아간다. T-1000은 무엇으로든 변형이 가능해 존 코너의 양어머니는 물론 경찰로도 변신하는데, 누구도 그 정체를 알아내지 못한다. 심지어 그의 손이 날카로운 칼이나 창은 물론 곡괭이 등으로 변하면서 무차별로 사람을

공격할 수 있어 누구라도 그의 손아귀에 걸리면 살아남지 못한다.[23]

T-1000은 엄밀하게 말하면 컴퓨터가 만들어낸 영상과 디지털 이미지 프로세싱 과정을 통해 한 프레임씩 맞춰 만들었는데, 미국인답게 이 기술을 특허로 등록까지 했다. T-1000처럼 액체와 고체 사이를 자유롭게 드나들면서 변신할 수 있는 아이디어는 결코 상상의 일이 아니다. 전기유동유체(ER 유체)라는 재료가 바로 〈터미네이터 2〉의 제작자가 차용한 물질과 유사한 성질을 갖고 있다. 보통 때는 물처럼 묽지만 전압을 걸면 꿀처럼 질척거리거나 젤라틴처럼 굳기도 하는데, 전류가 흐르지 않으면 본래의 물과 같은 상태로 돌아온다. 이렇게 한 상태에서 다른 상태로 바뀌는 데는 불과 1000분의 2~3초밖에 걸리지 않는다.[24]

'특수효과 기술의 총체적인 성공'이라고 평가받는 〈터미네이터 2〉는 여타 SF 영화와는 달리 비평가들로부터 호평을 받아 1992년 아카데미상에서 6개 부문에 노미네이트되어 기술 관련 4개 부문(특수효과, 음향효과편집, 분장, 음향상)을 수상했다. SF 영화로는 보기 드문 상복까지 터졌다.

〈터미네이터 3〉에서는 파괴된 암살기계 T-1000보다 더 발전된 형태인 터미네트릭스T-X가 등장한다. T-X는 섹시하고 아름다운 외모와 함께 냉혹하고 잔인한 성격을 가진 최첨단의 여성 로봇이다. T-X의 파괴력은 2편에서 나오는 T-1000보다 위력적인 데다가 모든 기계장비를 제어하는 능력까지 있다. 가장 상위 개체로서의 기계 능력을 갖춘 그녀는 주변의 모든 기계를 파괴하거나 마음대로 조종한다.

영화의 결말이야 당연히 기계의 반란에 대항해 인간이 승리이다. 하지만 과연 로봇이 터미네이터처럼 인간의 지능을 가진다면 영화처럼 인간이 승리할 수 있겠는가 하는 의문을 던져준다. 물론 이 우려에 한정한다면 지구인들은 걱정할 필요가 없다. 〈터미네이터〉 시리즈에 등장하는 액체금속 인간으로의 변형은 어떤 일이 있더라도 불가능한 영역, 즉 지구상에서 현실화될 수 없기 때문이다.

로봇은 만능

SF 영화에 나오는 로봇들은 만능의 재주를 가졌다. 강한 육체와 복잡한 연산도 쉽게 해내는 두뇌를 가졌으며 위험한 장소에서 잡일도 마다하지 않는다. 설사 로봇에게 사고가 나더라도 간단하게 고치기만 하면 된다. 반면에 SF물에서 그려지는 인간은 로봇에 비해 허약하기 짝이 없다. 학자들이 상상하는 인간과 로봇 사이에 벌어질 수 있는 최악의 상황을 케빈 워릭 박사는 다음과 같이 예상했다.

"2050년, 인류의 삶은 기계에 의해서 지배된다. 많은 사람이 일반 노동자로 사육된다. 노동자들은 육체적으로 불필요한 성적 행위를 방지하기 위해 거세되었고 두뇌는 재구성되어 분노, 우울, 추상적인 사고와 같은 인간의 부정적인 면은 제거된다. 인간의 성별은 기계에 의해서 사라지며 대부분 같은 모습을 갖고 있다. 노동자들은 포로수용소와 같은 캠프에서 살고 있고 최소한의 휴식과 수면이 주어진다. 노동자들은 대략 12세부터 노동을 시작하고 18세에 최고의 효용 가치를 갖게 되며, 30세 초반까지 살아남기도 하지만 대부분 그전에 소각 처리된다. 인간들은 이러한 상황에도 불만이 없다. 노동자들의 두뇌에서 불만을 담당하는 부분이 제거되었기 때문이다."[25]

SF물은 인간의 상상력을 한껏 발휘해서 만든 공상의 세계인데, 그런 공상의 장면이 현실에서 나타나기도 한다는 것은 역사가 증명한다. 인간이 선한 물건뿐만 아니라 악한 물건도 만들 수 있는 것이다. SF물에서 등장하는 문제점들이 실제로 현실에 등장하면, 즉 인간이 로봇을 개발하는 데만 역점을 두면 언젠가 로봇으로부터 뒤통수를 맞을 수도 있는 일이다.

로봇이 느끼는 감정

아직은 인간의 능력을 모사한 로봇이 태어나지 않았다. 컴퓨터가 태어나자마자 과학 분야에서 이룬 비약적인 발전을 생각하면 다소 의아한 일이 아닐 수 없지만 로봇학자들의 말은 간단하다. 인간이야말로 로봇이 따라가기에는 너무나 정교하게 만들어졌으므로 기계적인 현대 과학기술로는 인간을 모사하는 데 한계가 있다는 설명이다.[26]

인간의 우수성은 지능뿐만 아니다. 학자들은 인간과 유사한 로봇이 태어나지 않은 이유로 종종 인간이 얼마나 환경에 잘 적응하는지 다음 두 가지 예를 제시하곤 한다.

첫 번째로 인간에게는 매우 간단한 것이지만 로봇에게 큰 난관이 되는 경우이다. 상자 안에 수많은 나사못이 들어 있는데, 그 것들을 꺼내서 나사못의 끝이 한 방향을 향하도록 나란히 놓아야 한다고 하자. 인간은 어떻게 그 나사못들을 꺼내어 제대로 놓아야 하는지 금방 안다. 그 못들을 눈으로 볼 수 없더라도 손으로 만져보고 그 모양을 파악한다.

그러나 현재까지 지구상에서 개발된 로봇에게는 이런 일이 불가능한 과제이다. 로봇은 자신의 카메라 렌즈를 나사못에 향하게 한 뒤 나사못을 자신의 뇌에 저장된 것과 일치시키려고 한다. 그런 다음 로봇은 자기 눈에 들어오는 나사못을 무수하게 많이 저장된 나사못과 비교해야만 한다. 그런데 나사못들이 마구 뒤엉킨 채 놓여 있기 때문에 로봇은 그 못들이 갖가지 다양한 각도에서 어떤 모양일지 추측해야 한다. 게다가 빛의 방향에 따라 나사못의 모양도 달라진다는 사실을 고려한다면 수없이 뒤엉킨 나사못을 1열로 놓는 것조차 로봇에게는 간단한 일이 아닐 수 있다.[27]

두 번째는 어린아이가 길을 가다가 소똥을 발견했다고 가정하자. 아이들은 소똥을 보는 순간 이를 밟지 않고 곧바로 돌아서 걸어간다. 그러나 로봇은 소똥을 본 뒤 그것을 밟지 않고 지나야 한다고 결정 내리려면 상당한 확인 절차를 거쳐야 한다. 만져보고 냄새도 맡아보고 성분을 분석해 결국 소똥이라는 것을 알아차려야 옆으로 돌아간다. 어린아이는 소똥을 직접 만져보거나 본 적이 없어도 소똥을 인지하고 피해서 간다는 사실이 중요하다.

인간과 로봇이 다를 수밖에 없다는 연구는 어떻게 하면 로봇이 인간과 유사할 수 있느냐는 질문으로 이어진다. 학자들은 로봇이 인간처럼 감정을 표현할 수 있어야 한다고 답한다. 한 학생은 "AI에게 감정이 생길 수 있을까요?", "영화를 보면 AI가 자기 스스로 생각하게 되고 감정이 생기는 장면이 나오는데, 미래에 AI가 더 발전하면 실제로 이런 일이 일어날까요?"라며 구체적으로 질문했다.

이탈리아 작가 카를로 로렌치니(필명 콜로디)가 1883년에

인간과 로봇이 다를 수밖에 없다는 연구는 어떻게 하면 로봇이 인간과 유사할 수 있느냐는 질문으로 이어진다. 학자들은 로봇이 인간처럼 감정을 표현할 수 있어야 한다고 답한다.

발표한 동화 『피노키오의 모험』속 주인공인 피노키오의 소원은 진짜 소년이 되는 것이다. 『오즈의 마법사』에서도 양철 나무꾼, 즉 휴머노이드 로봇은 사람처럼 심장을 갖는 것이 소원이다. 그런가 하면 영화 〈스타트랙〉에 등장하는 로봇 '데이터'는 인간보다 훨씬 뛰어난 지식을 갖고 있음에도 항상 사람을 부러워했다. 이를 보면 인간의 속성 중에서 가장 고귀한 것이 감정이라는 데는 이론의 여지가 없을 것이다

그런데 인간의 감정을 더욱 세밀하게 분석한 과학자들은 인간의 감성이 인간성을 대표하는 기본 요소가 아니라 생존을 위한 진화의 산물이라고 주장한다. 인간이 험악한 세상에서 살아남을 수 있었던 이유로 감정을 꼽는다. 예를 들어 무언가를 좋아하는 감정은 진화 과정에서 매우 중요한 역할을 한다. 왜냐하면 주변 환경 대부분은 인간에게 위험하기 때문이다. 매일같이 마

주치는 수많은 물건 중에서 인간에게 유익한 것은 극히 소수이다. 따라서 우리는 자연스럽게 유익한 것들을 좋아하게 되고 이런 감정 덕분에 위험 요소와의 접촉을 줄일 수 있다는 것이다.

이런 의미에서 시기심과 질투도 없어서는 안 될 중요한 감정으로 꼽는다. 인간을 비롯한 모든 생명체의 가장 큰 임무는 후손을 낳아서 종의 생존을 이어가는 것이다. 그러므로 성이나 사랑과 관련된 감정이 가장 복잡다단하게 발전한 것도 바로 이런 이유로 본다.

수치심과 양심의 가책 또한 인간이 사회성을 기르는 데에 꼭 필요하다. 무리 지어 사는 인간에게 이런 감정이 없다면 집단에서 추방되거나 따돌림을 당한다. 그렇게 되면 유전자를 물려줄 후손을 낳는 데 치명적인 타격을 입는다. 외로움도 사랑 못지않게 중요한 감정이다. 생존을 위해서는 기본적으로 다른 사람에게 의지해야 하기 때문에 누군가를 그리워하는 감정은 반드시 필요하다.[28]

똑똑한 로봇이라면 인간처럼 사랑이라는 감정도 가질 것이라는 상상은 수많은 SF물이 단골로 써먹는 주제 중의 하나이다. 그러나 인간이나 동물의 두뇌와 로봇의 두뇌는 물리적으로 차이가 있기 때문에 특성이 다를 것임은 틀림없다. 로봇은 사랑 같은 감정을 표현하는 것이 불가능하다. 로봇은 단지 기계일 뿐이다.

가장 큰 지적은 농담이다. 로봇에게 인간의 유머를 가르친다고 생각해보자. 로봇에게 유머가 담긴 책이나 코미디, 농담을 통해 인간이 언제 웃는지를 배우게 한다. 그다음에는 로봇에게 코미디 영화를 보여준다. 웃는 능력을 갖춘 로봇은 우습다고 여겨지면 그것을 나타내고 코미디를 보며 인간과 똑같은 장면에서 웃을 수 있다. 그런데 로봇은 정말로 웃긴다고 생각해서 웃을까? 사실 로봇은 인간이 어떤 경우에 웃는지 학습해서 거의 반강제적으로 웃을 가능성이 농후하다.[29]

더구나 로봇은 어떤 경우에도 울지 않는다. 공격받더라도 비명을 지르지는 않는다. 그럴 수도 없고, 그럴 필요가 없을지도 모른다. 바로 이 점이 인간과 기계의 차이, 즉 감정이 있느냐 없느냐를 판단하는 기준이다. 물론 능력 있는 프로그래머가 로봇에게 울 수 있는 감정과 통증으로 고통스러운 비명을 지르도록 입력할 수는 있다. 하지만 이를 진실한 감정의 표현이라고는 생각할 수는 없다.

메사추세츠공과대학교(MIT) 미디어연구소의 로잘린드 피카드는 "감정이 결여된 로봇은 가장 중요한 것이 무엇인지 느끼지 못한다. 이것이 바로 로봇의 가장 큰 단점이며 컴퓨터로는 이 문제를 해결할 수 없다"며 로봇의 감정 문제에 매우 부정적인 견해를 보인다. 미래의 로봇이 임무를 제대로 수행하려면 논리적 사고회로 이외에 감정이 반드시 있어야 한다. 그렇지 않으면 무한히 많은 선택의 기로에서 아무런 결정도 내리지 못한다. 이 문

제를 슬기롭게 풀어야 진정한 로봇이 나올 수 있다는 뜻이다.[30]

인간의 특징은 이뿐이 아니다. 인간의 두뇌는 좌뇌와 우뇌로 구성되어 있는데, 둘의 역할이 다르다. 여성과 남성이 두뇌를 사용하는 방법도 다소 다르다. 어른들을 화나게 만드는 청소년들의 사춘기는 성장을 위한 필수불가결한 과정이라는 설명도 있다. 뇌 속에 있는 수많은 요소를 말끔하게 해결해 로봇에게 접목시켜야만 진정한 안드로이드가 탄생했다고 할 수 있다. 궁극적으로 과학이 아무리 발전하더라도 진정한 안드로이드는 태어날수 없다. 인간의 두뇌만 제외한 사이버그 로봇이 더 현실성이 있다고 생각하는 이유이다.[31]

영화 〈바이센테니얼 맨〉에서 인간형 로봇인 앤드루는 처음에 죽음이 무엇인지 몰랐지만, 앤드루의 전 주인이자 친구였던 리처드와 첫 번째 연인이라고도 볼 수 있는 작은 아씨 아만다가 노령으로 사망하자 죽음은 헤어짐의 슬픔으로 다가온다는 것을 인식한다. 그는 그들의 죽음에서 정말 두려운 것은 죽음 자체가 아니라 홀로 남겨지는 외로움임을 깨닫는다.[32]

앤드루는 죽음으로 진짜 인간이 되고자 하는 소망을 이루었다고 볼 수 있는데, 로봇이지만 죽음을 인식했다는 의미이다. 로봇이 인간이 되기 위해서는 죽음을 당연한 것으로 알고 죽음을 순순히 받아들이며, 죽음을 선용할 수 있도록 프로그래밍되어 있어야 한다. 인간다운 로봇은 완벽함을 추구하는 것이 아니라 미완성이어야 한다. 지구상에 태어난 인간은 개체마다 나름대로 발전하다가 미완성으로 사망하면서 그것이 다음 세대에서 이루어지도록 가교를 놓는 데 남다른 노력을 한다. 미완성이면서 불확실한 로봇이 개발되어야만 진정한 로봇이 될 수 있다는 아이러니함에 로봇학자들이 놀라는 것은 어쩌면 당연하다.[33]

학자들은 차분하게 당면한 문제들을 분석하기 시작했다. 인간에게는 각자 개성이 존재한다. 사람은 태어날 때부터 다른 사람과 다른 생각을 하면서 다른 행동을 한다. 한 인간이 태어나기 전에 부모로부터 이어져 내려온 유전적 특징 때문에 개성이 생겼다는 설명도 가능하다.

현재 지구인을 약 80억 명으로 추정하는데, 이는 80억의 개성이 있다는 의미이다.[34] 지구상에 태어난 인간은 그 숫자가 얼마이든 모두 다른 개인체이다. 같은 사물을 보더라도 느끼고 생각하는 것이 모두 다르다. 결국 인간화를 목적으로 하는 로봇이 10억이라면 10억의 로봇이 모두 다른 개성을 나타내야만 비로소 인간과 같은 속성을 지녔다고 볼 수 있다는 뜻이다.

문제는 각자 개성을 가진 로봇이 과연 필요한가이다. 로봇의 장점은 통일성을 전제로 하는데, 이런 특성이 없다면 로봇이 존재할 의미가 없어진다. 영화에서 종종 등장하는 로봇들은 기본적으로 안드로이드든 아니든 모두 복제품으로 개성이 없다. 영화 〈바이센테니얼 맨〉이나 〈A.I.〉는 처음부터 지능을 가졌던 것이 아니라 실수로 다른 로봇과 다르게 태어난다. 실수해야 특별한 로봇이 태어날 수 있다는 것이야말로 학자들이 인간과 같은 로봇, 즉 엄밀한 의미에서 안드로이드는 절대로 태어날 수 없다고 단언하는 이유 중 하나이다. 지구인들은 앞으로 과학이 획기적으로 발전하더라도 적어도 〈터미네이터〉 시리즈에 나온 미래, 로봇에게 점령당하는 디스토피아는 겪지 않을 것이라는 예측에 위안을 받을지도 모르겠다.[35]

6장

교육 분야에서 메타버스는
어떻게 활용될까?

메타버스가 가장 중점적으로 투입되는 분야 중 하나는 바로 교육 분야이다. 교육 분야는 매년 새로운 학생으로 채워지며 이를 소화해야 하므로 중요하다. 그래서 전 세계의 학자, 교육자, 개발자들은 학생들에게 필요한 매력적이고 몰입도가 높고 협력의 기회를 주는 메타버스를 구축하는 데 열중한다. 대부분 메타버스의 인터페이스 메뉴를 활용해 학생에게 진정한 교육적 경험이 되도록 지원하는 것을 기본 목표로 한다. 메타버스가 다양한 방법으로 교육의 패러다임을 변화시킬 수 있기 때문이다.

메타버스는 익명성의 순기능을 교육에 접목할 수 있다는 점에서 탁월하다. 아바타를 통한 교육 자체가 익명성이 보장되기 때문이다. 학생들은 타인의 시선을 신경 쓰지 않고 궁금한 사항을 질문할 수 있다. 사실 일반 강의에서는 질문이 거의 없지만, 메타버스에서 익명을 보장하는 메시지 형태로 질문을 받는다면

보다 자유롭게 질문을 보낼 것이다.

아바타를 통한 교육은 학생들의 활발한 참여를 끌어낼 수 있다. 학생뿐 아니라 교육을 진행하는 사람들도 평소보다 더 자연스럽고 편안하게 강의할 수 있다. 학생들은 대면 강의가 지루하기까지 하면 강의 자체에 싫증을 내지만, 인터넷을 통해 동영상으로 강의를 만나면 귀에 쏙쏙 들어온다고 말한다. 특히 현실에서는 교실 뒤쪽에 앉은 학생들이 교육에 대한 동기부여가 떨어지기도 하는데, 협업을 기반으로 가상현실, 증강현실을 활용해 교육하면 학생들의 적극적인 참여를 유도할 수 있다. 메타버스 교육은 산업적인 면에서도 큰 이점이 있다. 한 번 만든 콘텐츠를 여러 플랫폼에 배포하기 편하고, 단기간에 적은 비용으로 사업을 운용할 수도 있다.

무엇보다 메타버스의 가장 큰 장점은 단순히 언어의 전달이 아닌 감각을 통한 경험 학습으로 학생과 교사 모두 빠르게 교육의 성과를 볼 수 있다는 점이다. 경험의 반복은 다방면으로 중요하지만 과학 분야에서는 더욱 빛을 발한다. 과학은 관찰이 중요하므로 기본적으로 시간이 오래 걸리고, 일상에서 쉽게 보지 못하는 현상들도 생긴다. 메타버스는 현실의 물리적 법칙을 재현하는 가상 세계로 직접 체험할 수 있도록 해준다.

과학 분야뿐 아니라 정신 · 심리 분야에서도 메타버스는 큰 효율을 발휘한다. 가장 잘 알려진 것은 가상현실 속 인간과의 역할극 대화를 상담가들에게 제공한다는 것이다. 상담, 자살 예방, 알코올 중독, 정신건강, 소아 심리치료, 트라우마 상담과 심리상담 등이 이에 해당한다. 이 복잡한 문제에 정신의학, 심리상담 담당자들은 메타버스로 다양한 환자들의 상황을 미리 경험하면서 기존 방식과 다른 맞춤형 상담 서비스를 제공할 수 있다.

의학 분야의 진출도 괄목할 만하다. 의학은 기본적으로 인간의 생명을 담보로 하기에 조금의 실수도 용납되지 않으며, 경험 부족은 여러 가지 문제를 일으킨다. 메타버스에서 적용하고 있는 의료 시뮬레이션 가상 학습의 최대 이점은 의료 교육 개선과 환자 위험 최소화이다. 메타버스는 초보 학습 대상들에게 몰입형 시뮬레이션으로 전보다 효율적인 트레이닝을 제공하며, 인체의 해부학, 초음파, 응급환자 관리와 출산 관리, 환자의 시술과 수술 상황 등 실제 같은 상황을 연출해준다.[36]

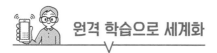

원격 학습으로 세계화

메타버스의 학습은 큰 틀에서 원격 학습을 의미한다. 코로나19로 교육 분야에서 메타버스가 비약적인 성장을 한 배경이기도 하다. 당연한 이야기이지만 학생이 느끼는 메타버스의 원격 학습이 학생에게 얼마나 중요한지, 그리고 그것이 메타버스에 어

메타버스의 학습은 큰 틀에서 원격 학습을 의미한다.
코로나19로 교육 분야에서 메타버스가 비약적인 성장을 한 배경이기도 하다.

떻게 구축되고 적용되어야 하는지를 사전에 파악하는 것은 매우 중요하다. 메타버스는 실제 학생을 염두에 두고 올바르게 활용할 수 있는 수행 도구가 되어야 하기 때문이다. 특히 메타버스를 통한 게임이나 활동은 수동적이기보다 능동적이어야 한다. 또 학생들이 메타버스의 공간에서 신체적, 정신적으로 무리가 없어야 한다.

　문제는 이런 활동이 학생들에게 얼마나 매력적으로 느껴질지가 개발자의 손에 달려 있다는 점이다. 메타버스에도 웹처럼 학생의 관심을 끌지만 참여나 경험을 방해하는 프로그램도 많이 있기 때문이다. 학생들의 관심을 이해하기 어렵고 관련이 없는 내용이나 새로운 장소로 돌려, 교육의 목적과는 다른 스토리보드로 만드는 것이 비일비재하다. 이 말은 디자이너들은 학습 스토리보드를 만드는 데 정확한 목표 의식이 있어야 한다는 뜻이다.

가장 중요한 것은 학생들이 의문을 가진 문제를 메타버스에서 쉽게 해결할 수 있어야 한다. 현실에서 학생들이 상상 세계와 잘 연결되어 있으면 심층 전이가 가능하다는 것은 잘 알려진 사실이다. 그래서 학생들에게 학습 지침을 사전에 제공해주는 것은 매우 유익하다. 학자들은 학생들이 어떻게, 무엇을 배울지 미리 알려줄 때 메타버스를 접목하면 학습 효과가 가장 높다고 판단했다. 이는 메타버스를 통해 학생들이 사회적 관계를 구축하도록 해주는 것이 매우 중요하다는 것을 알려준다. 왜 메타버스에서도 사회적 관계를 강조할까? 이는 감정 표현, 유대감, 촉각, 냄새, 신체적 언어가 특히 중요하기 때문이다.[37]

메타버스 세계는 학생들이 지금껏 탐험하거나 방문할 수 없었던 새로운 환경으로 이끄는 것을 기본으로 한다. 학생들은 메타버스에서 교사, 최고의 예술가와 함께 그림을 그리거나 작곡하는 창작자가 될 수 있다. 학생들은 기업들 박람회에 참가할 수도 있고, 학교뿐 아니라 더 넓은 사회에 작품을 선보일 수도 있다.

교육 메타버스에서 학생들이 가장 흥미를 보인 것은 현재와 다른 원하는 시간대로 마음껏 이동할 수 있다는 점이었다. 이집트 피라미드나 로마, 그리스의 고대 도시를 방문해 세계 고대사

의 오래된 의문에 대한 해답을 얻으면서 실제 학습과 연결할 수
도 있다. 이렇게 공상과학을 현실로 만드는 과정에서 가상현실
이 중요한 역할을 한다는 것은 의문의 여지가 없다.[38]

메타버스와 교육

교육에서 가상현실의 유익한 점은 한두 개가 아니다. 첫째, 학생
들에게 빠른 학습 감각을 향상해준다. 학자들의 연구에 따르면,
학생들은 수업하는 동안 다양한 주제에 대해 읽고, 쓰고, 생각하
는 학습을 하면서 시각화하는 것을 선호했다. 가상현실을 통한
학습은 학생들에게 장황한 설명이나 책의 삽화에서 벗어나게 한
다. 가상현실 학습이야말로 수동적 학습이 아닌 능동적 학습을
모토로 한다.

　둘째, 메타버스는 학생들이 전 세계를 마음껏 섭렵할 수 있
게 해준다. 학생들이 가상으로 어디든 세계를 여행할 수 있는 장
을 열어주는데, 지리학과 역사 같은 과목에서 진가를 발휘한다.
학생들은 클릭 한 번으로 마음껏 세계를 탐험할 수 있다. 남극 대
륙의 얼음 동굴을 탐험하거나 태평양 바다에서 돌고래와 함께
수영할 수도 있다. 실생활에서는 결코 간단한 일이 아니지만, 메
타버스에서는 남극을 가거나 고대 그리스와 로마를 방문하는 것

도 어려운 일이 아니다.

셋째, 실제 같은 학습 경험이 이해로 이어지면서 학생들의 시야를 넓히고 다양한 직업에 대한 이해를 도와준다. 예를 들어 학생들은 의사의 큰 업무 중 하나가 근본적으로 인간을 치유하는 것이라는 사실을 잘 알지만, 의사라는 직업이 정확히 어떤 것인지에 대한 충분한 지식은 없다. 가상현실을 통한 학습은 학생들이 의사라는 특정 분야에서 일하는 것이 실제로 어떤 것인지 이해하도록 도와준다. 학생들은 누군가의 경력에서 핵심을 쉽게 탐색하고 직업에 대한 장단점을 이해할 수 있는데, 이는 전통적인 교실 환경에서 가르칠 수 없는 부분을 충분히 상쇄해준다.

메타버스가 미래의 교육에 어떻게 영향을 미칠지는 메타버스의 몰입형 경험을 어떻게 느끼도록 만들어주느냐에 달렸다. 메타버스 수업에서 교사는 이미지나 비디오를 보여주거나 책을 읽을 필요가 없다. 교사의 역할은 학생들에게 지식을 전달하는 것에서 학생들이 직접 체험하도록 유도하는 것으로 바뀐다. 따라서 교사들은 미리 설정된 수업 계획에 따라 고집스럽게 진행하는 대신 학생들에게 탐색 환경을 만들어주면 된다.[39]

당연히 수업 방식 자체도 변할 것이다. 교실은 학생 참여도를 높이는 총체적인 학습 장소로 바뀐다. 교사는 메타버스를 활용한 수업에서 특정 기계가 어떻게 만들어졌는지, 분자 수준에서 이후 과정이 어떻게 진행되는지를 보여주면서 학생들이 몰입

형 경험을 통해 학습 내용을 보다 효과적으로 기억하도록 도와
줄 수 있다.[40] 메타버스의 도움으로 교사와 학생 모두 보다 몰입
도 높은 수업과 학습을 경험할 것이다.[41]

7장

메타버스에서 학부모가
알아야 할 문제점과 그 대책은?

페이스북 그룹이 회사 이름을 '메타Meta'로 바꾸자 메타버스를 공상과학적인 분야가 아니라 주류 미디어 중 하나로 합류시켰다며 큰 주목을 받았다. 메타의 이런 결단은 증강현실, 가상현실 등에 무한한 가능성을 부여한다고 생각했기 때문이다. 다소 놀랍지만 전문가들은 메타의 이런 결정을 메타버스가 모든 연령층을 대상으로 하며 어린이에게도 문호가 활짝 열린다는 뜻을 함축한다고 설명한다.

곧바로 반론이 제기되었다. 이런 노출이 어린이들에게 어떤 영향을 미치느냐이다. 이 문제는 부모가 메타버스를 얼마나 이해하느냐로도 귀결된다. 부모가 먼저 메타버스가 정확히 무엇을 의미하는지, 어린이에게 잠재적 위험이 있는지를 인지하는 것이 매우 중요하다는 뜻이다.

학자들은 그동안 부단히 과학기술의 발전에 따라 가상현실과 증강현실 등이 현실과 밀접하게 연계되고 있지만, 메타버스의 문화적 중요성과 그것이 지구인들의 행동을 어떻게 변화시킬지는 명확하지 않다고 지적해왔다. 특히 가장 취약한 어린이에게는 더욱 그렇다는 것이다. 메타버스에서는 몰입형 인터페이스와 다른 사용자의 가상 상호작용이 원활한데, 서비스 전반에 걸쳐 사용자 안전 정책 등이 대체로 균일하지 않다. 이런 환경에서 어린 자녀가 있는 가족에게는 상당히 많은 미지의 부작용을 초래할 수 있다.

실제로 한 게임회사를 보면 가입한 사용자가 1억 5000만 명인데, 그중 절반이 13세 미만인 어린이들이라고 한다. 물론 이 게임에서 부적절한 언어를 사용하는 채팅을 필터링하고 가이드라인을 위반하는 행동에는 사이트 내 활동을 제약하는 등 강력하게 대처하는 전통적인 방식을 운용한다. 문제는 이러한 방식이 메타버스에서 표준이 되지 않는다는 점이다.

사실 메타버스의 선두주자로 볼 수 있는 메타는 많은 부모와 자녀를 위한 공간으로 연결되는 포털로 인식된다. 메타의 가상현실 웹 플랫폼은 13세 미만의 어린이가 계정을 만들거나 게임기기를 사용하는 것을 허용하지 않는다고 설명한다. 최소 13세 이상이어야 접근할 수 있다는 뜻이다. 그런데 실무적으로 보면 직접적으로 신원이나 연령 확인을 요청하는 것이 간단하지 않다. 자녀가 부모나 누나, 형 등 가족의 메타 계정을 사용하거나

부모가 장치를 선물하고 자신의 계정에 자녀가 접근할 권한을 부여하면 쉽게 우회할 수도 있다.[42]

물론 폭력적인 비디오 게임에는 부모에게 인식과 통제력에 대해 경고하는 내용이 있다. 메타버스용 게임 개발자들도 기존 콘솔이나 모바일 비디오, 게임에 공통으로 적용되는 동일한 경고 내용을 게시한다. 그러나 모든 메타버스 게임은 클라우드에 저장되고 경고 내용은 다운로드하는 어린이에게만 표시되는 경우가 많다. 그러므로 부모가 자녀를 안전한 메타버스로 인도하고 싶다면, 먼저 부모가 메타버스의 몰입형 구성 요소에 실제로 어떤 게임이 있는지 이해하는 것이 도움이 된다.

그런데 메타버스가 무엇인지 명확하게 정의할 수 없다고 앞에서 여러 번 말했다. 이는 현재의 메타버스가 유한한 목적지라기보다 계속 진화하는 추상적인 개념에 가깝기 때문이다. 메타버스를 3D 콘텐츠, 공간적으로 구성된 정보와 경험, 실시간 통신을 지속적으로 제공하도록 향상되고 업그레이드된 인터넷이라고 설명하는 이유이다.

메타버스의 2D나 공간화되지 않은 콘텐츠와 웹은 무엇이 다를까? 사실 메타버스에서 경험하는 것은 웹 콘텐츠이다. 메타버스는 오래전부터 존재해왔고 과학기술이 발전하면서 몰입도가 높은 증강현실, 가상현실 등을 다루는 새로운 플랫폼으로 진화했다. 시간이 지남에 따라 부모들도 비몰입형 평면 스크린 기반의 콘솔 시스템과 모바일 장치에서 플레이하는 인기 있는 3D 게임 세계에 익숙해지고 있다. 2D 소셜 게임과 게임 앱의 일부가 점점 더 몰입형 게임 버전인 가상현실과 증강현실 영역으로 이동한다는 것이다.

마이크로소프트, 메타의 웹에서는 VR 헤드셋과 데스크톱, 노트북이 없는 사용자도 완전히 몰입된 VR 헤드셋 사용자와 교류하도록 해 몰입형 메타버스에 대한 일종의 창을 제공한다. 메타버스의 독특한 점은 사용자를 게임 내부에 공간적으로 배치해 화면보기를 초월하는 완전 몰입형 3D 가상현실과 증강현실 세계를 경험할 수 있도록 만든다는 것이다. 문제는 긍정적인 콘텐츠뿐 아니라 따돌림, 괴롭힘, 음란한 콘텐츠도 메타버스의 사용자가 경험하는 방식에 따라 영향을 미칠 수 있다는 점이다.[43]

인공지능 전문작가 알렉스 맥팔랜드에 따르면, 성인의 두뇌와 어린이의 두뇌는 가상현실을 처리하는 방식에서 뚜렷한 차이를 보였다. 성인은 제시된 가상 환경에서 받는 자극을 비판적으로 평가하고 모니터링함으로써 가상현실의 존재 경험을 제어하고 조절할 수 있는 데 반해, 어린이는 그렇지 않은 경우가 많다는 것이다. 이런 결과는 현재 가상현실에서 실행되고 있는 정서적 가상 자극에 어린이들이 노출되는 것을 심각하게 생각해야 함을 보여준다. UNITE.AI, VR이 어린이와 성인에 다르게 미친다는 연구원 발견, 2021, by 알렉스 맥팔랜드 스탠포드대학교에서도 가상현실이 어린이에게 미치는 영향을 연구해, 메타버스가 콘솔 비디오 게임이 어린이에게 미치는 영향을 모니터링하는 것과 완전히 다르다고 발표했다. 학자들은 부모는 자녀가 무엇을 하고 노는지, 누구와 노는지 알아야 한다고 말한다. 텔레비전 화면 시청과 비몰입형 가상현실을 비교할 때 VR을 사용하는 어린이는 억제 제어에 상당한 결핍을 보인다고 주장했다.[44]

학자들이 아이들이 미디어에 어떻게 반응하는지 관찰하는 것이 특히 중요하다고 설명하는 이유는 간단하다. 아이들은 감정, 행동 조절과 관련된 영역인 전전두엽 피질이 완전히 발달하지 않았기 때문이다. 부모들은 자녀가 컴퓨터 게임을 하거나 TV를 볼 때는 수시로 모리터링하기가 쉽지 않지만 어깨 너머로 무엇을 하는지는 대충 알 수 있다. 그러나 아이들이 가상현실에 있을 때는 시야가 차단되어 무엇을 하는지 실제로 볼 수 없다.

바로 이 점에서 부모들은 아이들이 무엇을 하는지, 무슨 게임을 누구와 왜 하는지 이해하려고 노력해야 한다. 아이들과 함께 똑같은 정보를 접하는 사용자 입장이 되어야 한다는 뜻이다.[45]

8장

메타버스가 상용화되면
빈부 격차는 해소될까?

학생들의 질문은 흥미로운 것이 많았는데, 그중 '메타버스가 상용화되면 빈부 격차가 해소되는가'라는 질문은 의미심장하게 느껴졌다. 개인이 사용할 수 있는 기술의 범위가 부자와 가난한 사람들 사이의 격차를 증가시킨다고 믿는 사람들이 있는 반면, 이와 반대의 효과를 낸다는 주장도 있기 때문이다. 사실 빈부 격차 해소 문제는 어느 분야에서나 풀기 어려운 숙제이다. 많은 사람은 빈곤한 사람들이 일부 기술로 혜택을 받는다고 인정하지만, 기술의 발전이 전 세계적으로 경제적 불평등을 증가시킨다고 주장하는 사람도 많이 있다.

물론 첨단 기술은 인간의 삶의 질을 크게 향상하는 데 기여했다. 이 말 자체로 보면 기술 발전이 중산층과 상류층 사이의 격차를 좁혀준다는 뜻이다. 과거에는 부유한 사람들만 자동차를 탈 수 있었고 값비싼 컴퓨터로 인터넷에 접근할 수 있었다. 그러나 요즘은 거의 모든 계층이 스마트폰으로 전 세계의 정보를 접한다. 농사짓는 사람들도 핸드폰이나 인터넷 정보를 활용해 기상을 예측하고 농산물 시장의 가격 등을 확인해 농장을 효율적으로 관리하며, 시기를 선정해 농산물을 출시한다. 교통이 발달하면서 운임 가격이 하락하는 것은 덤이다. 저가 항공사들이 저렴한 항공권을 제공해 서민들에게도 해외여행의 기회가 열려 있다.

그러나 과학기술이 부분적으로는 불평등을 심화하는 요인이라는 것도 사실이다. 기계가 자동화되면서 노동자들의 일자리가 급속히 줄어드는 것도 사회 문제가 된 지 오래이다. 그래서 과학기술이 모든 사람의 삶을 개선하기보다 부자를 더 부유하게 만드는 데 유용하다는 지적은 항상 유효하다. 예를 들어 로봇과 자율주행 자동차는 부유한 사람들이 더 안전한 운전을 할 수 있도록 도와준다. 남는 시간에 호화로운 여가 생활을 즐길 수 있는 것은 덤이다.[46]

다소 의아한 내용이지만 기술이 발전되고 보편화되면서 전자 기기의 가격이 저렴해져 누구나 인터넷에 쉽게 접근하는 것처럼 보이지만, 실제로는 부자와 가난한 사람 사이의 '디지털 격차'가 심화된다는 발표도 있다. 부자와 높은 교육을 받은 사람들은 그렇지 않은 다른 사람들보다 최첨단의 디지털 영역에 접근할 가능성이 여전히 높기 때문이다. 디지털 격차는 교육과 관련해 특히 광범위한 결과를 초래할 수 있다. 저소득 가정의 학생들이 경제적인 이유로 기술을 향한 접근이 어려워질 수 있다는 뜻이다.

가상현실, 증강현실 기기들만 해도 저렴하지 않아 빈부의 차이에 따른 격차가 심화될 수 있다. 학자들은 기술적인 해결뿐만 아니라 VR, AR 기술과 컴퓨터 혁명이 불평등을 심화하고 부의 수준을 한 부문에서 다른 부문으로 변화시키면서 부가 집중되는 문제에 주목해야 한다고 말한다. 인터넷 억만장자가 생겨나는 동안 그들이 다른 사람들을 빈곤에서 벗어나게 했다는 이야기는 들어본 적이 없다.[47]

그렇지만 메타버스가 가져올 경제적인 불평등 문제에 대한 학자들의 판단은 다소 긍정적이다. 논란의 여지는 있지만 변화가 이미 시작되었다는 것은 자명하다는 설명이다. 학자들은 인터넷의 보급과 스마트폰의 탄생이 지구인들의 생활 양태를 바꿔놓았듯, 메타버스 역시 그와 유사한 수준에 가까운 변화를 가져올 것으로 추정한다. 물론 이에 따른 수많은 문제점이 계속 보완될 것을 전제로 한다.

9장

노년층도 메타버스를

쉽게 사용하려면?

메타버스는 증강현실, 가상현실 등으로 외부 환경 정보를 투영하거나 현실을 모방한 가상 공간을 만들 뿐 아니라 아바타를 이용한 새로운 사회 활동을 제공한다. 그런데 2020년 코로나19로 전 세계가 팬데믹 상태가 되면서 새로운 습관과 사회적 거리두기가 전 지구의 사람들을 온라인에 치중하도록 만들었다. 디지털 장치에 연결하면서 물리적 세계와 융화하는 메타버스가 지구인들에게 급속히 보급되기 시작된 것이다.

젊은 세대만 메타버스로 이동하는 것이 아니다. 메타버스는 주로 인터넷 공간에서 이루어지기 때문에 노년층보다 기기를 더 잘 다루는 젊은 층이 사용한다고 생각한다. 하지만 비대면 사회로 급속하게 변하면서 노년층도 디지털 플랫폼을 통해 커뮤니티는 물론 더 넓은 세상과 연결 상태를 유지하는 방법을 배우기 시작했다. 키오스크를 다루고, 전자 상거래를 통해 물건을 구매하

고, 온라인에서 친목을 도모하는 노년층이 메타버스를 다루는 것이 신기한 일은 아니라는 뜻이다.[48]

우리 사회에서 나이가 많은 사람을 가리키는 용어는 여러 가지이다. 노인, 어르신, 시니어, 고령자 등등. 정작 노년층들은 자신들을 가리키는 용어가 모두 마땅치 않고, 어떤 것을 써야 할지 망설여질 때가 많다고 말한다.

'노인'은 만 65세 이상 연령층을 가리키는 법적, 행정적인 용어이다. 노인복지법, 노인복지관 등처럼 노년층을 가리키는 공식 용어이다. 하지만 이 말은 신체적으로 늙은 사람이라는 부정적인 뜻을 담고 있는 데다, 지금은 만 65세 이상 연령층도 신체적 정신적으로 젊은 사람 못지않아 적절하지 않다는 지적이 제기된다.

그래서 나온 용어가 '어르신'이다. 보건복지부는 '해당 연령자를 직접 부를 때, 뭔가 혜택을 드릴 때 주로 어르신이라는 용어를 쓰고 있다'고 말한다. 실제로 서울시는 2012년 공모를 거쳐 노인이라는 용어를 어르신으로 바꾸기도 했다.

학자들에 따라서는 나이가 많은 사람이라는 객관적인 뜻을 담은 '고령자'라는 용어가 적절하다고 말한다. 남상요 교수는 일본에서도 노인 대신 고령자를 주로 사용한다고 설명했다. '시니어'라는 용어도 많이 쓰인다. 활동적인 고령층을 가리키는 용어로 주로 쓰고 있다.

미국에서는 노인 대신 '시니어 시티즌senior citizen'이라는 말을 사용하고, 연장자라는 뜻의 '엘더리the elderly'라는 말도 사용한다.[49]

노령층을 잡아라

노령층이라는 단어가 대두되는 것은 그만큼 그들이 메타버스가 광범위하게 사용될 수 있다는 것을 의미한다. 이제는 많은 노년층이 아들딸, 손자, 손녀의 도움과 영향을 받아 소셜 미디어나 비디오 게임, 유튜브 동영상 활용 방법을 배워 온라인에서 교류하고 있다.

일부 노년층들은 일상 업무에 도움을 받기 위해 VR 안경을 사용하는 기술을 습득하고, 가정에 메타버스 관련 기술 장비를 설치하기도 한다. 기술에 정통한 디지털 시니어들이 AR이나 VR 장비를 착용하고 손자, 손녀와 서로 교류하면서 메타버스에 몰두하기 시작하자, 이들을 상대로 한 전용 프로그램들이 등장했다. 나아가 노년층을 대상으로 하는 VR 기업도 등장했다. 미국 기업 렌데버는 노년층 생활 커뮤니티에 VR 장비를 제공하고, 거주자들에게 몰입형 가상 엔터테인먼트와 여행 경험을 즐길 기회를 제공하고 있다.

미국 기업 렌데버는 노년층 생활 커뮤니티에 VR 장비를 제공하고, 거주자들에게
몰입형 가상 엔터테인먼트와 여행 경험을 즐길 기회를 제공하고 있다.

현실적으로 60세 이상의 사람들이 중요한 것은 상위 소득
의 재산을 가진 주요 집단이기 때문이다. 소득 상위 계층의 약 4
분의 1을 차지한다. 고령 소비자는 기업 경영에서 중요한 대상
이다. 사실 메타버스 개발 기업이 물리적 하드웨어 제품은 물론
가상 상품과 결합을 최적화해 이러한 방대하고 부유한 디지털
참여자에게 어필하려고 필사적인 것은 남다른 씀씀이 때문이다.

현재 많은 사람이 몰입형 디지털 환경에서 광고판, 제품 배
치와 기타 광고 공간을 구매하고 있으며, 일부 회사는 NFT 같은
것을 판매하기 위해 가상 상품을 제안하기도 한다. AR, VR 기능
이 향상되고 하드웨어 비용이 상당히 낮아지자 고령자를 포함해

모든 연령대의 소비자가 메타버스의 본질에 몰입하게 되었기 때문이다.

메타버스가 직접적으로 고령자에게 활용될 수 있는 방법은 여러 가지이다. 먼저 장애인이나 고령자의 재활을 위한 가상현실과 메타버스 게임을 활용한 운동재활이 고령자들의 두뇌, 신체 능력, 노화 개선에 도움을 준다는 보고들이 나오자 스마트 메타버스 헬스케어가 운동재활에 적극 도입되기 시작했다. 메타버스 원격진료 사업도 운동재활 프로그램에 접목된다. 또한 맞춤형 스마트 메타버스 헬스케어를 운동재활에 활용해 노년층들의 사회적 고립을 줄이고 더 즐겁고 건강하게 지내도록 도울 수 있다. 세계적인 팬데믹 사태가 노년층에게 큰 기회를 주었다고도 말하는 이유이다.

고성능 VR은 그동안의 가족관계를 보다 공고하게 만들어줄 수 있다. 현실적으로 멀리 떨어져 있어도 가족이나 친구들과 함께 해외여행을 즐겁게 즐길 수 있다. 또 병원이나 요양원 같은 시설에 갇혀 지내는 고령의 환자는 가상으로나마 가족 친지들과 인간적인 교류를 통해 가족애를 느낄 수 있다. 이 자체가 고령층에게 삶의 활력을 일으키고 병을 이겨내려는 의지를 북돋아줄 수 있다.[51]

코로나19 대유행으로 사회적 폐쇄와 제한이 내려진 뒤 온라인에서 가족이 함께 보내는 시간이 늘어나자 상당수 노령층이 온라인 공간으로 옮겨 갔다. 유튜브, 위챗, 인스타그램처럼 콘텐츠 소유자가 자신만의 커뮤니티를 만들고 동영상 콘텐츠를 게시할 수 있는 소셜 미디어 플랫폼이 인기를 끈다는 것은 자연스러운 일이다.

10장

메타버스에서 참여자들은
고통이나 감각을 느낄까?

학생들은 메타버스에 참여하는 사람들이 고통이나 감각을 느끼는지 궁금해했다. 이는 메타버스가 감각 문제와도 관련이 있다는 것에 관심이 많다는 말이다.

일본 도쿄에 기반을 두고 소니의 지원을 받는 기업 레이첼 워렌은 전기 자극을 사용해 신체적 고통을 전달하는 완장을 개발했다. 이 회사는 '언리미티드 핸드Unlimited Hand'라고 하는 H2L로 잘 알려져 있다. H2L 기술은 전기 자극을 사용해 팔 근육을 조작하고 감각을 모방함으로써 촉각을 복제한다.

H2L의 밴드에는 손 제스처와 위치를 인식하는 고도의 근육 행동 추적 센서가 있어 메타버스의 아바타가 움직임을 정확하게 복사할 수 있다. 또한 전기 자극을 사용해 감각을 모방하고 팔 근육을 조작하기도 한다. H2L은 이 기술을 참여자의 게임 컨트롤러에 통합해 게임 내에서 신체 접촉이나 피해를 입을 때처럼 영

향을 직접 느낄 수 있다는 것이다.

H2L은 완장을 가상현실 게임에 사용해 참여자들 피부에 새가 쪼거나 팔을 가로질러 바람이 부는 것을 느낄 수 있다고 믿게 만든다. 사람들은 그것을 사용해 실제 생활에서 가상 세계 이벤트를 느낄 수도 있다. 예를 들어, 참여자는 부모와 함께 공을 던지고 노는 등의 어린 시절 좋아하던 활동을 가상으로 재현할 수 있다. 한마디로 H2L은 근육을 구부릴 때 이를 감지하고 메타버스의 아바타가 신체의 움직임을 복사하게 해 실제로 물체의 존재와 무게를 느낄 수 있도록 하는 완장을 특징으로 하는 제품을 만들었다.

이 기술은 전기 자극을 사용해 팔 근육을 조작하는 것인데, 중요한 것은 참여자가 고통을 느끼게 한다는 것이다. 메타버스 세계를 현실로 바꾸어 존재감과 몰입감이 증가하도록 만드는 것이다. 이는 악기를 연주하면서 악기의 촉각, 힘, 운동감 감각을 느끼거나 가상현실 게임에서 가상 물체를 만지는 것과 같다.[52]

메타는 가상현실에서 물체를 느낄 수 있도록 공기주머니를 사용하는 감각 샘플을 공개했다. 이 장갑에는 촉각을 느끼도록 팽창하는 손바닥과 손가락을 따라 바뀌는 일련의 작은 공기주머니가 있다. 촉각 장갑의 상용화는 실제 사람들의 아바타를 특징으로 하는 집합적인 가상 공유 공간의 한 축이다.

장갑이 메타버스에서 큰 관건이 되는 것은 온라인에서 물리적 세계와 관련된 다양한 감각을 경험하면 오랫동안 참여자 의식의 한계를 뛰어넘을 수 있기 때문이다. 촉각 장갑의 상용화로 물리적 세계의 감각 자극을 가상 세계로 통합하거나 디지털 감각 자극을 물리적 세계로 통합하거나 결합해 소비자의 감각을 자극할 수 있다. 특히 참여자는 자극할 감각을 선택할 수 있는데, 이러한 자극이 자신을 물리적 또는 디지털 환경과 일치하도록 하거나 심지어 전혀 일치하지 않게 만들 수도 있다.

여기에서 질문이 제기된다. 촉각 장갑이 상용화돼 가상 환경에서 위치 확인을 쉽게 하도록 한다면, 참여자가 제품을 대상으로 하는 경험에서도 마찬가지인가이다. 참여자는 다중 감각 시뮬레이션으로 경험하는 것이 자신의 기대와 일치하면 가상 제품을 거의 실제처럼 이해한다. 이러한 환상을 경험하는 것은 소비자의 확장된 자아의 비물질화를 촉진하고, 디지털 제품에 대한 수용을 증가시킬 것으로 예상한다.[53] 다시 말해서 가능한 물체 또는 환경을 감각 신호의 가능한 원인으로 만들어 참여자의 뇌에서 지각적 표현을 생성하는 것이다.

일부 학자들은 이런 감각의 경험이 우려된다고 말한다. 자극의 특정 조합(감각, 다감각과 디지털, 물리적) 등 기술적인 발전으로 메타버스가 인간의 생활에 더욱 밀접하게 다가온다고 하지만, 외부 생리학적 센서(예: 심박수)를 통한 확장현실의 다중 감각을 자극하는 것이 윤리적인 문제를 일으킬 수 있다고 지적한다.

또한 소셜 미디어 중독 문제를 증가시키는 등 참여자의 정신적, 육체적 건강에 장기적인 영향을 미칠 수 있다며 우려를 표시한다. 특히 확장현실 기술은 아바타를 통해 전신 환상을 생성할 수 있으며, 참여자가 가상 신체에도 동일한 소유권 감각을 경험할 수도 있다. 학자들은 아바타의 몸에 있는 참여자의 재구현이 자기 인식에 영향을 미칠 수 있다고 지적한다.

예를 들어 증강현실 거울에서 자신을 보는 것은 이상과 실제의 매력 차이를 줄일 수 있다. 참여자는 실제 자신과 유사한 아바타를 만들기도 하지만 자신과는 전혀 다른 보다 매력적인 버전으로 만들어 온라인 행동 특성에 영향을 미칠 수도 있다.

현실-가상 연속체는 실제 환경과 가상 환경이 접목하므로 매우 다양하게 나타난다. 그런데 현실-가상 연속체에서 시각적 요소를 가상 요소가 감각 장갑을 통해 다른 감각으로 확장할 수도 있다. 확장현실에서 참여자의 감각을 자극하는 다양한 방법은 확장현실의 의식에 영향을 미친다는 측면에서 참여자들의 아바타에게 불가능한 경험을 상상할 가능성을 제공할 수도 있다.

학자들은 현재 가상현실, 증강현실 기술 등은 참여자를 시각적으로 최소한 다른 세계로 이동할 수 있는 수준에 도달했다고 설명한다. 고급 동작 감지, 센서 기술과 초고화질 디스플레이를 통해 개발된 헤드셋의 성능은 엄청나게 발전했다는 것이다. 물론 현재 이러한 기기들이 완벽한 것은 아니다. 시각과 청각 분야에서는 아직도 실제 생활에 가까운 경험을 주기에는 부족하다. 그러나 메타버스에서 이 분야에 대한 연구는 그야말로 놀랍다.

① 촉각

메타버스에서 참여자의 감각을 끌어들이는 방안으로 제일 먼저 시도한 부분이 가상 감각, 촉각이다. 감각, 촉각 기술은 진동, 움직임, 가해지는 힘 같은 다양한 수단을 통해 촉각을 시뮬레이션한다. 그런데 감각, 촉각 기술은 새로운 것이 아니며 1970년대로 거슬러 올라간다. 게임 제조업체 세가Sega가 1976년 게임 모토크로스에 이 기술을 배치해, 차가 충돌했을 때 핸들 바에 사실적인 진동을 제공했다.

물론 오늘날 메타버스의 기술은 한 단계 더 업그레이드되고 있다. 제작사들은 감각, 촉각 기술을 사용해 메타버스 참여자에게 더욱 몰입감 있는 경험을 제공하려고 한다. 가상 감각, 촉각 피드백을 시각적으로 개발하고 질감을 재현하려는 시도뿐 아니라 통증을 시뮬레이션하려는 시도도 있다.

② 미각

가상 세계에서 저녁 식사를 하거나 카페에서 커피 한잔하는 것도 생각해볼 수 있는데, 이 부분에서 중요한 요소가 빠져 있다. 바로 미각이다. 이 문제를 해결하기 위해 미국 메인대학교가 도전했다. 이 기술은 금속 젓가락에 전극을 사용해 입안에서 신맛, 단맛, 짠맛, 쓴맛의 감각을 복제한다. 일본 메이지대학의 미야시타 호메이 박사는 핥아 먹는 화면을 공개했다. 노리마키 신디사이저 박사는 전해질이 포함된 젤 다섯 개를 사용해 짠맛, 단맛, 쓴맛, 신맛, 감칠맛을 시뮬레이션하기도 했으며, 전기영동이라는 과정을 통해 특정 맛에 맞게 각각의 강도를 조절할 수 있도록 설계했다.

미각 실험에서 기본은 화학 물질을 기반으로 한다. 그런데 가상 공간에서 미각을 느끼게 하는 것은 만만치가 않다. 사람마다 미각을 느끼는 혓바닥 부위가 다르기 때문이다. 이런 차이가 있음에도 현재 세계 각지에서 미각의 보편성을 위한 연구가 활발히 진행되고 있다. 조만간 가상 환경에서도 미각을 느낄 수 있는 아이디어가 나올 것으로 추정한다.

③ 후각

후각은 우리의 가장 원시적인 감각이다. 인간은 지구상에서 태어난 이래 수백만 년 동안 위험을 인식하고 식량을 찾고 적절한 대상을 찾는 데 후각을 사용했다. 사실 후각은 매우 미묘하지만 인간에게 절대적인 감각이다. 메타버스 개발자들이 총력을 모아 연구하는 이유이다. 실제로 말레이시아 누사자야에 있는 상상연구소에서 냄새를 유발하는 뉴런을 자극하기 위한 연구 내역을 발표하기도 했다. 아직은 참여자가 경험하는 냄새를 선택하는 모든 방법을 찾지는 못했지만 일련의 향수는 만들었다고 한다.

메타버스 자체로만 보면 후각을 적용하는 데 다소 유리한 면이 있다. 가상현실 헤드셋을 유용하게 활용할 수 있기 때문이다. VR 헤드셋은 참여자가 설정이나 환경에 맞게 조합하는 다양한 향이 담긴 카트리지를 사용하는 장치를 포함할 수 있다.

'느낌'이라는 단어가 촉각과 감정 모두에 적용된다는 점은 주목할 만하다. 냄새와 미각은 특히 깊고 감정적이며 매력을 느끼게 하는 요소이다. 따라서 비시청각 감각이 인간의 경험에 얼마나 필수적인지, 그리고 이를 가상현실이나 증강현실에 도입하기가 얼마나 어려운 일인지 충분히 가늠할 만하다. 하지만 인간은 이런 어려움일수록 창의성을 발휘하면서 해결해왔다.

엄밀하게 말해 메타버스에서 촉각, 미각, 후각 등 모든 종류의 감각 경험을 통합한다는 것은 더욱 완전한 가상 세계를 인간이 느끼도록 만든다는 것으로 볼 수 있다. 학자들은 결국 시간이 해결해줄 것이라고 단언한다.[54]

11장

가상현실은 동물 학대 방지에 도움이 될까?

많은 사람이 가상현실, 증강현실 등에 좋은 점수를 주는 것은 적용 범위가 한정되지 않고 무한대로 펼칠 수 있기 때문이다. 반려동물과 관련해서도 메타버스는 상당히 긍정적이라는 평가를 받는다. 특히 여러 사람이 호평한 것은 다소 놀랍지만 사람들의 동물 학대를 방지하는 방안으로 메타버스를 활용할 수 있다는 점이다.

'동물평등Animal Equality'이라는 단체는 반려동물의 학대에 맞서 싸우기 위해 VR을 활용한다. 동물평등은 농장에서 동물들을 학대하는 영상물 '아이애니멀iAnimal' 시리즈를 출시했다. 이 시리즈는 지구촌에서 폭발적인 반응을 얻어 2021년 6300만 명이 넘는 사람들이 비디오를 시청했으며, 2022년에는 1억 명이 넘을 것으로 예상했다.

이후 동물 학대를 반대하는 프로그램들이 줄을 이었는데,

동물 학대를 방지하는
방안으로 메타버스를
활용할 수 있다는 점은
매우 긍정적이다.

양돈장을 찍은 것은 그야말로 충격적이다. VR 비디오로 돼지가
다른 죽은 돼지를 잡아먹는 공포 영화에서나 볼 수 있는 장면이
공개됐다. 이 영상은 국내 최대 돼지고기 생산업체 공장에서 촬
영됐는데, 공장 측은 동물보호 단체가 공개한 영상을 모두 부인
했다. 일부 생산업체에서는 동물보호 단체가 이들 자료를 자작
으로 연출했다고 주장했다.[55] 극도로 생생한 360도 비디오는 동
물들이 겪는 고통을 시청자들이 이해하도록 도와주었다.

현재 한국은 반려동물에 관한 한 선진국이라 볼 수 있다. 한
국은 반려동물 등을 학대하면 동물보호법으로 2년 이하의 징역
또는 2000만 원 이하의 벌금에 처한다. 또한 동물을 유기한 소
유자, 소유자를 위해 반려동물을 사육 · 관리하거나 보호하는 일
을 하는 사람, 반려동물을 학대하는 행위를 사진이나 영상물로

촬영해 판매·전시·전달·상영하거나 인터넷에 게재한 사람, 반려동물을 도박·시합·복권·오락·유흥·광고 등의 상이나 경품으로 제공한 사람 등 반려동물을 비상식적으로 처리하는 사람에게 300만 원 이하의 벌금형을 내린다. 반려동물은 인간과 함께 살아가므로 이들에 대한 배려가 필요하다는 뜻이다.

한국의 동물보호법에서 규정한 '동물 학대'는 "동물을 대상으로 정당한 사유 없이 불필요하거나 피할 수 있는 고통과 스트레스를 주는 행위 및 굶주림, 질병 등에 대하여 적절한 조치를 게을리하거나 방치하는 행위"를 말한다. 동물 학대의 정의는 매우 광범위해 동물의 육체적인 측면뿐 아니라 정신적인 측면까지 포함하고 있으며, 단지 인간의 부주의에 의한 행위까지 모두 포괄한다. 이 때문에 동물을 키우는 사람이라면 동물 학대에 해당하는 행위를 하지 않은 사람이 없다고 해도 과언이 아니라는 지적도 있다. 동물 학대 가해자의 대다수는 동물의 법적 소유주이다.[56]

동물보호 단체들은 시청자들에게 동물 학대에 대한 생각을 묻는 투표를 실시하기도 했다. 닫힌 문 뒤에서 무슨 일이 일어나고 있는지 알지 못하는 사람들에게 360도 VR 비디오 중 일부를 확인할 수 있도록 했다. 새로운 매체가 삶을 변화시키는 VR 경험을 통해 참여자에게 놀라운 결과를 만들어낼 수 있다는 것을 증명했다.

실험 결과 동물권 인식, 교육 효과, 재사용 의도에서 평균값이 만족할 만한 수준 이상임을 확인했다. 주관식 답변에서는 비디오 게임을 통해 자연스럽게 습득되는 지식과 흥미 유발에서 긍정적인 측면을 발견했다. 또한 접근성이 쉬운 캐릭터이기 때문에 흥미가 지속된다는 점도 확인했다. 참여자의 답변을 보면 메타버스 내 동물권에 대한 지식을 간접적으로 쌓는 방향은 하나의 서비스로 사용자 경험에 긍정적일 수 있다는 것이다.

한 연구단체가 제작한 육류 소비 변화를 관찰한 연구는 매우 놀랍다. 연구는 두 그룹으로 나눠 진행했다. 첫째 그룹은 태블릿에서 동물 학대 영상을 시청했고, 둘째 그룹은 VR 헤드셋으로 같은 영상을 360도 형식으로 시청했다. 참가자들에게 영상 시청 후 공감, 정서적 영향, 채식에 갖는 관심, 육류 섭취 감소 등 다양한 변수에 대해 설문조사를 했다. 그 결과 몰입형 VR 비디오가 기존 스크린 비디오보다 시청자에게 더 큰 영향을 미친다는 사실을 발견했다. VR 헤드셋으로 동물 학대 동영상을 본 시청자들의 상당수가 동물에 대한 태도와 정기적으로 섭취하는 육류 소비를 줄이겠다고 말했다.

이 같은 연구는 VR이 기존 비디오보다 시청자에게 더 큰 영향을 미친다는 사실을 보여준다. VR은 시청자들에게 공장식 농장과 도축장에서 사는 동물들의 삶에 몰입할 수 있는 경험을 제공한다. 동물평등 단체들은 이 결과에 고무되어 전 세계 학생들이 VR 비디오를 직접 볼 수 있도록 주선하고 있다. 미국, 독일, 이탈리아, 멕시코, 스페인의 수많은 학생이 VR을 통해 공장식 농장과 도축장에서의 동물 실상을 경험했다고 한다.[57] 가상 환경임에도 동물 보호 운동에 함께할 수 있다는 것은 메타버스의 영역에 한계가 없음을 보여준다.

5부

메타버스의 부작용과 대책

메타버스가 4차 산업혁명의 핵심 중 하나라는 것은 메타버스가 '선'과 '악'으로 확실하게 갈라질 수도 있음을 의미한다. 메타버스 안에 유해한 콘텐츠들이 들어 있을 가능성이 높다는 것이다.

실제로 메타버스가 흥행에 성공하자 특정 인종이나 진영의 신념을 가진 사람들이 디지털 경험을 무차별적이고 악의적인 공격의 장으로 만들기도 했다. 이는 편견을 가진 사람들이 메타버스를 통해 소위 반대자를 괴롭히거나 굴욕감을 느끼게 하는 등 사나운 개가 공격하듯 당혹스러운 경험이나 정신적 외상을 일으키게 유도할 수도 있다는 말이다.

실제와 가상의 경계가 모호할 때 사람들은 얻은 정보에 입각해 어떠한 결정을 내리기가 쉽지 않다. 특히 대면 상호작용이 완전히 배제된 상태에서 온라인으로만 정보를 얻으면 급진적인 성향이 되거나 가짜 뉴스 등에 경도되기 십상이다. 메타버스를 통해 사회를 위협하려는 사람들이 있다는 것이다. 메타버스 개발자나 이용자들은 이런 문제점에 대해서도 현명한 대처가 필요하다.

1장

가상현실의 부작용은?

가상현실과 증강현실 기술이 새로운 미래 시장으로 주목받자 많은 곳에서 이러한 기술들이 인간세계의 경제, 사회, 문화, 윤리, 환경 등에 어떤 영향을 미칠지 종합적인 진단에 나섰다. 이 기술들의 긍정적인 부분과 부정적인 부분을 함께 토론의 장에 올려 가장 효과적인 정책을 수립하자는 목적이다. 이들 신기술을 제4차 산업혁명의 다양한 산업에 접목했을 때 기대되는 막대한 경제 효과도 체크하고, 현실과 가상 세계의 혼동, 세뇌 가능성 등 부작용 등을 세밀하게 체크해 메타버스 진행에 반영한다는 계획이다.

현재 인간들은 이미 온라인에서 거의 무한한 현실에 살고 있다. 인터넷 검색을 시작한 직후 웹에서 다양하게 경험하는 것을 당연하게 생각한다. 그러나 우리 각자는 내가 누구이고 어디에 살고 어떤 콘텐츠를 소비하는지에 따라 매우 다른 것을 본다.

자신을 포함한 여러 사람이 좋아하는 것들은 다른 형태로 계속해서 다시 나타나며, 각각의 새로운 반복은 이전 버전보다 더 매력적으로 등장한다. 현재 온라인 검색이 전적으로 우리 자신에 속한다는 뜻이며, 이를 토대로 선택적이고 자기 강화적인 세계관으로 이어질 수 있다.[1] 그렇다면 가상현실에서도 이 같은 효과를 얻을 수 있을까?

그동안 인간의 역사는 진짜와 가짜를 구별하기 위해 고군분투해왔다고 볼 수 있다. 문제는 메타버스는 원천부터 가짜를 기본으로 하고 있다는 점이다. 더불어 학자들은 이러한 가짜의 행위에 의해 인간들이 크게 영향을 받고 있다는 것을 종종 깨닫지 못하고 있다고 경각심을 불러일으킨다.

가장 심각한 것은 이를 이용해 정치적 신념을 형성하고 불화를 심을 수도 있다는 점이다.[2] 이는 가짜 뉴스의 범람으로 이어진다. 껄끄러운 이런 문제를 방지하기 위해 메타버스를 주도하고 있는 메타는 모든 앱과 집합적 과학기술에서 금지 사항을 다음과 같이 예시했다. 이 항목들은 VR 내 콘텐츠와 행동에 모두 적용된다.

① 상대방의 의사와 상관없이 스토킹하거나 반복적으로 따라가는 행동.
② 상대방을 구석으로 몰거나 정상적인 움직임을 막거나 신체

적으로 위협하거나 동의 없이 개인적인 공간을 침해하는 행동.

③ 공격, 해킹, 신상 캐기 등의 위협을 포함해 다른 사람을 따돌리거나 위협하는 행위 조장.

④ 어떤 방식으로든 미성년자를 성적으로 대상화하는 행동. 아동 성적 학대 발생 시 콘텐츠를 신고한다.

⑤ 인종, 민족, 국적, 종교, 계급, 성별, 성적 정체성, 심각한 질병이나 장애를 기반으로 상징성을 부여하거나 사람들을 공격해 혐오 이데올로기와 혐오 집단을 지지하거나 대표하는 행동.

⑥ 메타 직원, 파트너, 담당자, 실제 인물을 사칭하거나 다른 참여자에게 그렇게 하도록 조장하는 행동.

윤리 문제 해결

어느 분야든 새로운 기술이 나오면 문제점이 없는지를 분석한다. 문제점을 정확하게 파악하는 것이 해결의 지름길이기 때문이다. 메타는 제품에서 커뮤니티 규정이나 VR 행동 규범을 위반한 사실이 확인되면 일시적으로 계정을 제한하거나 정지하는 등의 조치를 취하며, 행동 규범을 반복적으로 위반하거나 심각하게 위반하면 계정을 영구적으로 비활성화한다고 발표했다.

세계 각국의 전문가들은 과거부터 다른 사람들이 경험한 대체 온라인 현황을 명백하게 파악할 수 있도록 수천 개의 대체 웹 페이지 이미지를 실행해, 각 개체에 대한 상호 관계를 밝힐 프로그램을 가동하고 있다. 이 프로그램은 각 상호 관계에서 드러나는 모든 차이점을 집계해, 주변 사람들에 의해 세상이 어떻게 끊임없이 변화하고 있는지 참여자가 파악할 수 있도록 돕는다.

인간은 오묘해서 단순히 경험의 협소함을 지적하는 것만으로도 인지 필터링을 변경하기도 한다. 또한 사람들에게 적극적으로 알리는 신호를 도입해 유사한 것을 달성할 수도 있다. 예를 들어 동생이나 딸이 모델의 체형을 따라 하기 위해 패션 광고판을 본다면, 동생이나 딸, 그리고 나는 모두 다른 것을 보고 있을 수 있으며, 왜 우리를 위해 변경되었는지 알려주는 레이블도 볼 수 있다. 다른 사람의 경험을 공유할 수 있다는 말이다.

그러므로 사람들에게 선별된 세상만 보는 안경을 제공하는 대신 투시력이 강한 시력을 제공해 함께 보도록 유도한다면 공감과 유대감을 구축하는 데 도움이 된다. 메타버스를 진정한 '공공 광장'으로 만들면 상당수 문제점을 해소할 수 있다는 것이다.[3] 공공 광장에서는 개인의 취향에 따라 모든 사람을 나누는 것이 아니라 모두에게 같은 것으로 증명되는 하나의 공유 공간을 만들어야 한다. 이 공간에서는 두 사람이 사진을 찍을 때 필터 없이 같은 순간이 포착되어야 한다. 이 개념은 궁극적으로 우리를 하나로 묶는 것이 중요하다는 뜻이다.

안전 보장 필요

최근 연구에 따르면 따돌림과 괴롭힘 등을 다루는 소셜 미디어가 청소년의 정신건강에 부정적인 영향을 미친다고 한다. 일과 놀이가 접목되는 메타버스에서도 크게 다르지 않다. 이는 새로운 기술이 모두 선과 악이라는 두 얼굴을 갖고 있기 때문이다. 사실 일부 소셜 미디어 플랫폼이 청소년들에게 위험하다는 것은 잘 알려진 사실이다. 의학계에서는 이런 플랫폼을 자주 접하는 청소년들의 정신건강이 사람들의 우려보다 더 심각하다고 말한다.

메타버스는 평면 스크린 모니터를 통해 관찰하고 상호 작용하는 것과는 다른 세계에 몰입하도록 하는 힘이 있다. 가상 공간에 구현되면 물리적으로는 만지지 못하지만 심리적으로는 공격성을 보일 정도의 사실주의에 노출될 수 있다. 이런 상황은 더 많은 우울증 환자를 만들고 훨씬 더 많은 신체적 문제를 일으키며, 극단적인 행동, 즉 자살과 관련된 위험한 콘텐츠에 노출될 수도 있다.[4]

학자들은 3D 디지털 아바타를 사용하는 것 자체가 또 다른

학자들은 3D 디지털 아바타를 사용하는 것 자체가 또 다른 문제를
안고 있다고 지적한다. 실제 삶과 다른 버전의 자신을 투영하기 위해
자신을 수정하는 것은 특히 청소년에게 매우 위험할 수 있다.

문제를 안고 있다고 지적한다. 실제 삶과 다른 버전의 자신을 투영하기 위해 자신을 수정하는 것은 특히 청소년에게 매우 위험할 수 있다. 정체성을 허구화하고 매우 다른 피드백을 받을 것이라는 생각은 10대의 정체성을 엉망으로 만들 수 있다. 메타버스 개발회사가 뇌의 정신적, 정서적 발달의 중요한 부분에서 잠재적으로 끔찍한 결과를 초래할 가능성이 높은 소셜 미디어와 메타버스 플랫폼을 목표로 삼을 가능성이 높기 때문이다.

이 문제는 이미 세상에 노출된 적도 있다. 마이크로소프트 사가 가상 3D 비즈니스 미팅을 위한 클라우드 협업 서비스를 출시했고. 인기 있는 온라인 게임도 메타버스를 활용한다. 그런데 이 서비스들이 청소년에게 위험하다는 증거가 발견되었다. 미국의 한 비영리 단체 연구에 따르면, 일반적으로 헤드셋을 통해 데이터를 얻는 과정에서 미성년자가 노골적인 성적 콘텐츠, 인종차별, 폭력적인 언어, 따돌림 등 기타 형태의 괴롭힘에 정기적으로 노출된다는 것이다.

더욱이 가상현실은 증오나 성적 학대에 대해 검색하는 것이 거의 불가능하므로 처음부터 안전장치가 내장되어야 한다고 지적한다. 메타버스를 사용하는 순간 부모들이 이에 개입할 수 없기 때문에 안전장치는 더욱 중요하다. 메타버스 안에서는 순식간에 일어나는 일을 제어할 수 없다. 그렇다고 부모를 비롯한 주변에서 자녀에게 메타버스에 접근하는 것을 조심해야 한다고 말하더라도 효과적이지 못하다.

메타의 마크 주커버그는 '누가 내 아이들에게 영향을 미치는지, 누가 그들을 괴롭힐 수 있는지, 사이버 공간에서 아이들이 안전한지를 결정하는 것이 부모의 책임이라는 사실을 알면 부모는 아이들이 안전하다고 느낄 수 있겠는가?'라고 반문했다. 우리의 자녀가 메타버스에 몰입하더라도 메타버스에서 노출되는 내용을 부모가 모니터링하라고 이야기하는 것이 적절한 대안은 아니라는 말이다.

물론 이와는 정반대 의견도 있다. 가상현실과 메타버스가 참여자의 정신건강에 도움을 줄 가능성이 있다는 주장이다. 과거부터 수없이 제시된 내용이지만, 가상현실 치료가 환자의 공감을 촉진하고 심리적 외상 같은 문제를 도와준다는 설명이다. 메타버스의 부작용이 전혀 없다는 것이 아니라 장점도 많이 있다는 뜻이다.

메타버스 개발 회사들이 청소년을 위해 안전을 보장하는 도구를 준비하고 있는 것은 사실이다. 어린 참여자가 사용하는 것을 방지하기 위한 엄격한 연령 확인, 풍부한 콘텐츠 중재자, 참여자의 부적절한 행동 위반을 신고할 때 신속한 대응 등이 포함된다.[5]

🗣️ 문제점은 수익에 기초

다소 놀라운 견해이지만 메타버스에 문제가 생기는 것은 메타버스 자체로 많은 돈을 벌 수 있기 때문이라는 주장도 제기된다. 메타버스는 본질적으로 아바타가 모임 사람들과 상호 작용하는 편리한 매체를 갖는 사회적 환경이다. 아바타 중 일부는 동료, 교수, 학생, 친구일 수 있고, 인공지능 개체나 참여자가 수행하는 작업을 지원하도록 설계된 가상 비서일 수도 있다. 가상 공간에서 사람들은 다른 사람들과 의사소통하고 세계의 모든 영역과 연결될 수도 있다.

예를 들어 원격 수술과 관련해서 보면, 메타버스에서 현실 세계처럼 실용적인 응용 프로그램을 만들 수 있다. 의사는 메타버스 장비를 사용해 자신과 행동이 동기화되는 로봇을 통해 환자를 수술할 수 있다. 특정 작업을 수행하기 위해 외골격을 제어할 수도 있다. 이는 작업을 완료하기 위해 특정 위치에 있어야 하는 장벽을 궁극적으로 제거할 수 있다는 뜻이다. 메타버스의 이러한 잠재력은 개인의 현실 세계와 디지털 세계가 유사하다는 '디지털 트윈'이라고 보는 시각도 있다.

사실 메타버스의 소셜 콘텐츠나 대중 매체들이 주력하는 광고의 많은 부분이 가짜 뉴스나 정치 단체, 공무원에 대한 진실이 결여된 반쪽 공격, 인종 차별, 계급 차별, 성차별 등에 노출된다. 조금 과장하자면 모든 종류의 차별을 조장하는 극단주의 콘텐츠가 넘쳐난다고 해도 지나치지 않다. 그런데도 메타버스의 성장을 낙관하는 것은 이를 통해 돈을 벌 수 있기 때문이다. 그만큼 메타버스는 쉽게 중독되고 매력적이다. 학자들은 이러한 돈의 축적이야말로 많은 사람이 굶주림, 노숙자, 의료 부족 해결 등은 물론 생존과 같은 이타적인 노력을 위해 다른 사람들과 연결하는 능력을 잃어버리게 한다며 우려한다.[6]

무엇보다 메타버스 참여자들의 건강 문제는 쉽게 예측된다. 헬멧 등 전자파를 발생시키는 전자 제품에 장기간 노출되면 참여자들의 건강에 해로울 수 있다. 또한 가상의 세계에서 경험하는 감각이 신체의 정상적인 감각 능력을 떨어뜨리고 우리 몸을

천천히 침식시킨다는 시각도 있다.

메타버스가 활성화돼 접근성이 증가하면 그만큼 나쁜 것의 접근성도 증가한다. 현실 세계에서 벌어지는 열악한 관계를 메타버스에서도 흔히 볼 것이며, 돈을 버는 것에 비례해 현재와 충돌하는 위기도 많이 발생할 것이다. 이를 해결하는 데는 인간의 지식을 활용해야 한다.[7] 학자들은 스마트폰이 현실 세계에서 유용하게 활용되는 것처럼 메타버스도 매력적인 기능으로 인간에게 유용하게 쓰일 것이라고 전망한다. 메타버스를 보다 많이 사용하면 지금 제기되는 안전 문제도 해결될 수 있다는 것이다.

제4차 산업혁명에서 메타버스는 강력한 기술 중 하나이다. 메타버스는 미래 세계에 많은 변화를 가져올 것이며, 그중 일부는 유익하고 일부는 해로울 것이다. 언제나 그렇듯 기술이 선의로 개발되고 발전되었지만, 이를 악의로 이용하는 인간도 등장한다. 메타버스의 선악이 인간 사회를 새로운 영역으로 이끌 수도 있다.

이런 문제가 나오면 인간들은 절묘한 방법을 제시한다. 메타버스의 장점을 살리고 단점을 제거하는 것이다. 이는 제작자 혼자 결정할 수 있는 단계가 아니므로 정부, 산업계, 학계 전문가들과 함께 메타버스의 문제와 기회를 함께 찾아야 한다. 예를 들어, 서비스 전반에 걸쳐 강력한 상호 운용성을 구축하고, 다양한 프로그램의 경험이 함께 작동하도록 만드는 것이 필요하다. 또한 기술이 포괄적이고 권한을 부여하는 방식으로 구축되도록 처음부터 인권 커뮤니티를 참여시켜야 한다는 주장도 있다.

학자들은 이 문제를 슬기롭게 풀어가는 방법으로 다음과 같은 핵심 영역을 제시한다.

① 경제적 기회 : 사람들에게 더 많은 선택권을 주고 경쟁을 장려하며 번성하는 디지털 경제를 유지하는 방법.

② 개인 정보 : 사용되는 데이터의 양을 최소화하고 개인 정보를 보호하는 데이터 사용을 가능하게 하는 기술을 구축해 사람들에게 데이터에 대한 투명성과 통제력을 제공하는 방법.

③ 안전 및 무결성 : 온라인에서 사람들을 안전하게 보호하고 그들이 불편함을 느끼는 경우 조치를 취하거나 도움을 받을 수 있는 도구를 제공하는 방법.

④ 형평성과 포용성 : 메타버스 기술이 포괄적이고 접근 가능한 방식으로 설계되도록 하는 방법.

2장

가상현실을 사용하면
생길 수 있는 건강 문제는?

메타버스의 가장 큰 단점은 이를 작동시키는 데 장비가 필요하다는 점이다. VR 헤드셋 등을 착용해야 하는데, 이 장비들은 사람에게 어떤 영향을 미칠까? 메타버스라는 디지털 세계에 계속 탐닉하면 인체에는 어떤 일이 벌어질까?

VR을 오래 사용하면 원치 않는 여러 증상이 발생한다는 것은 잘 알려진 내용이다. 대부분의 VR 시스템에는 어린이의 발달 문제, 넘어짐이나 충돌, 불편감, 반복적인 스트레스 등을 주의하라는 경고를 표시한다. 학자들은 일부 참여자들이 간질 병력이 없고 기절이나 발작을 일으킨 적이 없더라도 VR 헤드셋을 사용하는 동안 경련, 발작, 기절을 경험할 수 있다고 말한다. 약 4000명 중 한 명(0.025퍼센트)이 이러한 증상을 경험할 수 있다고 발표했다.

환경과의 물리적 상호작용에서는 또 다른 문제가 발생할 수도 있다. VR 헤드셋을 착용하는 동안 사람들은 현실 세계에 대한 인식을 빠르게 잃고 현실 세계의 물체에 걸려 넘어지거나 충돌해 부상을 입을 수 있다.[8] 헤드셋은 눈의 피로를 유발할 수 있는데, 이는 사람들이 화면을 볼 때 눈을 덜 깜박거리고 눈이 더 건조해지기 때문이다. 헤드셋이 근시를 유발한다는 우려가 있었지만, 헤드셋이 눈 가까이에 위치하더라도 표시되는 이미지의 초점 거리가 충분히 멀면 근시에 영향을 끼치지는 않는다는 보고도 있다. 또 가상현실 헤드셋은 대체로 무거워 어린이들은 사용하지 않는 것이 좋다.

VR 헤드셋을 쓰고 가상 환경에 들어가면 멀미와 유사한 증상을 느끼기도 한다. VR 멀미를 경험한 비율을 보면 여성은 약 77퍼센트, 남성은 33퍼센트이다. 여성이 남성보다 훨씬 더 영향을 받는다는 연구 결과가 있다. VR 헤드셋을 사용할 때 나타나는 가장 흔한 증상은 전반적인 불편감, 두통, 위장 장애, 메스꺼움, 구토, 창백, 발한, 피로, 졸음, 방향 감각 상실 등이다.

이러한 멀미 증상은 보이는 것과 신체의 나머지 부분이 인식하는 것 사이의 연결이 끊어져 발생한다. 신체의 내부 균형 시스템인 전정계가 눈을 통한 시각적 입력에서 기대하는 움직임을 경험하지 않을 때 참여자는 VR 멀미를 느낀다. VR 시스템의 프레임 속도가 충분히 높지 않거나 신체의 움직임과 이에 대한 화면상의 시각적 반응 사이에 지연이 생길 때도 멀미가 발생할 수

방향 감각 상실은 VR 참여자들 사이에 매우 다양하게 나타난다. VR을 사용하면서 멀미나 현기증을 경험한 사람은 방향 감각을 상실할 가능성이 훨씬 더 높다.

있다. 2022년 1월 『월스트리트 저널』은 VR 사용이 다리, 손, 팔을 포함한 신체적 부상으로 이어질 수 있다고 보도했다. 그리고 어깨 부상. 목 부상, 사망을 초래한 사건과도 이와 관련이 있다고 했다.

방향 감각 상실은 VR 참여자들 사이에 매우 다양하게 나타난다. VR을 사용하면서 멀미나 현기증을 경험한 사람은 방향 감각을 상실할 가능성이 훨씬 더 높다.

하지만 이런 느낌은 휴식 없이 장시간 VR을 이용하는 누구에게나 발생할 수 있다. 가상게임을 계속해 어느 한계를 넘어서면 가상의 감각과 현실의 감각이 조화를 이루지 못하면서 어지럼증과 극심한 피로감이 몸을 엄습한다. 게임에 참여하는 사람들은 목덜미를 타고 올라와 머리를 조이는 통증을 더 이상 견디지 못하고 그 가상 세계를 빠져나오게 된다고 한다.

　날기, 고속 이동, 높이뛰기, 넘어짐과 관련된 게임은 방향 감각 상실을 더욱 유발하는 것으로 알려져 있다. 게임을 하면서 방향 감각에 이상을 느끼는 사람은 VR 사용을 피해야 한다. 전문가들은 현기증이 나면 즉시 장비를 벗어야 한다고 말한다.

　대부분의 VR 장비 제조업체는 뇌전증(간질) 진단을 받았거나 빠르게 변화하는 빛에 과민증이 있는 사람에게 VR 체험을 권장하지 않는다. 극히 일부이지만 섬광이나 패턴에 의해 유발되는 심한 현기증, 발작, 눈이나 근육 경련, 기절을 경험할 수 있다. 이러한 현상은 TV를 보거나 비디오 게임을 할 때, VR을 경험할 때 발생한다. 그러므로 VR로 유발되는 발작은 헤드셋을 쉬지 않고 사용하는 시간에 따라 증가하므로 VR을 스포츠처럼 취급하는 것이 좋다. 수시로 물을 마시며 잠깐씩 쉬기를 권한다.

　학자들은 현기증 등 부작용의 징조가 있음에도 처음 한동안 그런 통증을 느끼지 못하는 데 문제가 있다고 말한다. 이는 마스킹 효과를 일으키는 '감각 전이' 때문이다. 마스킹 효과란 큰 사고를 당했을 때 사고 현장에 펼쳐진 시각이나 청각적 자극 때문에 상처 난 곳의 통증을 느끼지 못하는 것을 말한다. 감각이 일부에만 치우쳐 있으면, 원래의 감각이 정상적으로 기능하지 못하고 다른 감각으로 옮겨져 그것만 의식한다.

자신의 아바타가 빠른 속도로 스포츠카를 운전하고 울긋불긋한 거리의 네온사인을 보고 엔진의 굉음을 듣는다면, 분명 시각과 청각으로는 이동을 느끼지만 몸은 그러지 못한다. 이는 움직이는 물체의 속도와 관련이 있는데, 평형감각을 관장하는 귀속의 반고리관과 전정기관은 아무것도 감지할 수가 없게 된다. 몸의 평형감각이 강렬한 시각과 청각으로 '전이'되었기 때문이다.[9]

현실 세계에서 모든 감각은 주변 세계의 관찰을 받아들이기 위해 동기화되어 작동하며 일반적으로 서로 일치한다. 그러나 가상현실에서는 3D 화면을 보는 동안 우리의 눈과 귀가 다른 감각과 일치하지 않는 상태로 받아들인다. 이러한 감각 간의 일치 부족은 오랜 시간이 지나면 아프기 시작한다. 이 문제를 해결할 가장 좋은 방법은 아프기 시작하면 헤드셋을 벗는 것이다.[10]

VR 헤드셋을 착용하거나 벗을 때는 바로 눈이 반응한다. 가상현실에서 단기적인 눈의 피로는 매우 정상적이며 컴퓨터 화면이나 TV를 너무 오래 보는 것과 매우 유사하다. 헤드셋의 초점 설정을 조정하고 정기적으로 휴식을 취하면 이를 방지할 수 있다.

공격성 유발

메타버스에서는 가상현실 포르노와 폭력적인 콘텐츠가 범람할
수 있다. 그러므로 미성년자를 보호하기 위해 윤리적 행동 강령
이 마련되어야 한다. 비디오 게임의 폭력과 관련한 연구에 따르
면, 미디어 폭력에 노출되면 태도, 행동, 심지어 자아 개념에 영
향을 미칠 수 있다고 한다. 자아 개념은 특히 청소년의 핵심 태
도와 대처 능력의 핵심 지표이다. 폭력적인 VR 게임을 관찰하고
참가자를 연구한 결과를 보면, VR 게임의 관찰자보다 참가자가
생리학적 각성과 공격적 사고(적대감이 아닌)가 더 높게 나타난다
고 한다.[11]

　어린아이는 VR을 통해 물리적 세계와 가상 세계의 환상을
함께 경험한다. 학자들은 어린이가 몰입형 기술을 지나치게 접
하면, 특히 물체의 위치를 차단하는 헤드셋을 착용하면 실제 세
계의 규칙을 유지하는 능력이 손상될 수 있다고 지적한다. 몰입
형 VR은 현실을 복제하거나 물리적 세계에서 불가능하거나 위
험한 시나리오를 생성하는 다중 감각 경험을 참여자에게 제공한
다. 놀라운 것은 가상현실에서는 불을 지르는 등 현실에서 해서
는 안 되는 행동을 하며 규칙을 어기는 것을 오히려 즐긴다는 점
이다. 이는 메타버스를 설계할 때 고려해야 할 점이 그만큼 많다
는 의미이다.

메타버스에서는 모든 사람이 VR을 다르게 경험하고, 모든 VR 헤드셋이나 플랫폼이 똑같이 만들어지는 것은 아니다. 그러므로 특정 사람들의 특정 헤드셋에 대한 특정 게임은 다른 사람보다 더 많은 문제를 일으킬 수 있다. 그러면 우리는 VR을 사용할 때 무엇을 주의해야 할까?

VR을 시작하기 전 첫 단계로 항상 주변에 가구, 케이블, 동물, 어린아이, 발에 걸리거나 부딪히거나 넘어질 수 있는 물건이 없는지 확인한다. 이것은 모든 VR 경험에 해당하지만, 고정 게임이나 앉아서 하는 게임을 즐기는 사람들에게도 똑같이 중요하다. 가장 인기 있는 VR이라 하더라도 30분마다 최소 10~15분의 휴식을 취할 것을 권장한다. VR에서 권장하는 30분 이상을 보내면 거의 모든 사람이 주변에 대한 공간 인식을 잃는다. 30분이 지나면 헤드셋 내부에서 사물이 물리적 세계의 어디에 있는지 식별하기가 훨씬 더 어려워지기 때문이다.[12]

메타버스로 발생하는 문제 중 우려되는 것이 공격성이다. 메타버스로 인해 사용자들이 쉽게 공격적으로 변한다는 지적이 많다. 사람들은 현실 세계보다 메타버스에서 더욱 공격적인 행동을 하며, 타인을 괴롭히는 경향을 보인다. 이런 면을 지적하면 상대가 괴로워하는 것을 몰랐다고 말하는 사람들이 있는데, 김상균 박사는 이 경우 둘 중에 하나라고 말했다. 첫째는 거짓말하는 것이고, 둘째는 정상적인 사람이 아니므로 상대의 고통을 제대로 공감하지 못하기 때문이라는 것이다.

인간의 뇌에 있는 감정 중추인 변연계는 거울뉴런과 연결되어 있으며, 다른 사람들의 감정을 공감하게 해준다. 타인이 기뻐하거나 고통스러운 모습을 보이면 내가 경험한 것이 아닌데도 그 감정을 거울뉴런과 변연계를 통해 느낀다. 그런데 메타버스에서는 상대가 괴로워하는 것을 알면서도 괴롭히는 경우가 많다는 것이다.

학자들은 인간들이 현실 세계와 메타버스에서 타인을 괴롭히는 이유를 세 가지로 분류한다. 첫째, 누군가를 괴롭히면서 자신이 더 뛰어난 존재이므로 열등한 이를 괴롭힌다는 우월감을 느낀다. 둘째, 누군가를 집단적으로 괴롭히는 상황에서 괴롭히는 집단에 소속된 소속감, 동료 의식을 느낀다. 셋째, 괴롭힘을 당하는 대상을 사냥하는 것 같은 전율, 즉 자신들을 우월하다고 착각하는 사람들끼리 모여 누군가를 사냥하는 스릴감을 느낀다는 것이다.

이는 메타버스의 특징을 적나라하게 보여준다. 첫째, 메타버스는 개인의 신상 정보를 공유하지 않은 채 소통하는 비익명성이 대세를 이룬다. 그러므로 익명성 뒤에 숨어서 자신이 저지르는 일에 대한 책임감을 덜 느낀다는 점이다. 둘째, 메타버스는 인간의 오감 중 일부만 사용해서 소통하므로 현실 세계보다 낮은 수준의 정보를 받는 경우가 많아 실재감과 상대에 대한 공감 능력이 낮을 수밖에 없다는 것이다. 셋째, 괴롭히는 입장에서 느끼는 공포감이 훨씬 약하다는 점이다. 현실 세계에서 누군가를 괴롭히거나 물리적으로 공격하려면 자신도 상대방의 반격이나 처벌에 공포감을 느낀다. 그런데 메타버스에서는 상대를 공격하는 사람이 자신은 안전하다고 생각한다. 이는 상대방과 멀리 떨어진 위치에서 익명성에 숨어서 하는 공격이기 때문이다.

한마디로 메타버스는 익명성으로 낮아진 책임감, 공감 능력이 떨어지는 상황, 공포감을 크게 느끼지 않는 환경이므로 현실 세계보다 타인을 더 쉽게 공격한다는 뜻이다. 이에 대한 대안을 김상균 박사는 다음과 같이 제시한다.

① 메타버스에서 익명성을 제공하되 시스템적으로 그에 따른 책임을 지도록 한다.
② 공격받는 사람들의 감정에 공감하고 공격하는 사람에게 그런 감정도 함께 표현한다. 이런 감정 공감대는 공격받는 사람을 보호하고 동시에 공격하는 사람의 무뎌진 공감 능력을 깨우는 데 도움이 된다.
③ 억압된 욕구를 메타버스 내에서 다른 방법으로 해소하는 수단을 제공한다. 사회적으로 용인되고 다른 사람에게 피해를 주지 않는 방법을 제공한다.

현실 세계와 마찬가지로 메타버스에서도 선과 악, 평화와 분쟁, 나눔과 독점이 공존한다. 메타버스를 인간이 만들었으므로 문제를 해결하는 것도 인간이어야 함은 물론이다. 두 세계에서 공존의 책임과 권한은 인간에게 있다.[13]

3장

메타버스 안에서 발생하는
범죄에 대한 대책은?

메타버스에서의 생활이 복잡해지면 그에 따라 범죄가 발생할 가능성도 커진다. 메타버스에서 발생하는 범죄는 여러 가지로 나뉘는데, 우선 메타버스를 운영하는 기업이 개인 정보를 판매해 유출하는 범죄가 있다. 또 기업이 해킹을 당해 참여자 정보가 유출되기도 한다. 더욱 심각한 문제는 차단해야 할 보안에서 허점이 생길 때 발생한다.

온라인 공간이 활성화되면 인간의 속성상 여러 가지 범죄가 발생할 수밖에 없다. 학자들은 가상현실과 증강현실이 온라인에 결합하고 5G 시대가 시작되면서 메타버스 안에서 일어나는 범죄들이 사각지대에 놓이게 되었다고 지적한다. 메타버스 안에서 참여자들은 사이버 침입, 기만, 폭력, 외설, 아동 성범죄, 성희롱, 성 착취를 당할 수 있으며 인종, 성별, 신념, 정치적 입장 등 표현할 수 있는 거의 모든 것이 표적이 되고 괴롭힘을 당할 수 있다.

한국에서 큰 논란이 된 것은 캘리포니아대학교 샌디에고를 졸업한 필립 로즈데일이 2003년에 발표한 게임 '세컨드 라이프'이다. 이 게임은 닐 스티븐슨의 SF 소설 『스노 크래시』에서 영감을 받고 가상현실 플랫폼을 구상했다고 했는데 내용이 파격적이다. 현금으로 환전할 수 있는 게임 내 사이버머니, 개인적인 관계는 물론 사업까지 할 수 있는 자유로움으로 주목을 받아 당대 IT 시장의 중심으로 떠올랐다. IBM 같은 기업은 물론 정당, 대학교 등 다양한 집단에서 찬사를 보냈고, 한국 교과서도 가상현실의 예시로 실리기도 했다. 필립 로즈데일은 2006년 『타임』지가 선정한 '영향력 있는 100인'에 오르기도 했다.

한국에서는 세컨드 라이프를 통해 사이버 섹스, 카지노를 비롯한 가상현실 속 부정행위가 청소년들에게 무방비로 노출될 수 있다는 점이 큰 반향을 일으켰다. 가장 큰 문제로 지적된 것은 사이버 섹스였다. 세컨드 라이프에서는 현실에서 하는 모든 일을 다 할 수 있다는 콘셉트를 내세워 가상 공간에서도 성관계를 가질 수 있다는 것이다. 참가자들은 각각의 포즈볼을 이용해서 특정 자세로 성행위를 묘사할 수 있으며, 그 모습이 매우 구체적으로 구현된다. 특히 여기에서는 실제 인간의 모습을 한 아바타를 지향해 현실과 유사한 사이버 섹스가 가능해, 그 자체만으로도 청소년들에게 나쁜 영향을 준다고 비판받았다.

사실 메타버스 초창기에 성추행이 일어났다는 보고가 있었다. 그런데 아바타가 성추행을 당하면 실제 성추행으로 간주될 수 있을까? 이런 논란은 일종의 과잉 반응일까, 아니면 메타버스를 우리 삶의 연장선으로 인정하고 받아들여야 할까 하는 의문이 제기되었다. 메타버스에서 행한 일들이 현실 세계의 범죄와 유사하다고 해서 현실의 범죄로 간주할 수 있는가 하는 질문도 나왔다.[14]

예를 들어 대로변에서 여러 남자가 한 여성을 움직이지 못하게 포위하고 그 여성에게 욕설을 퍼부으면서 폭행과 성적인 위협을 가한다면, 이는 누가 보아도 여성에 대한 성추행이나 성폭행이다. 그런데 그러한 일이 메타버스 가상 세계 안에 있는 여성에게 일어났다면, 이는 잘못된 행위일까? 누가 어떻게 죄의 유무를 판단하며, 이런 부적절한 행동을 막기 위해 메타버스에 경찰이 동원되어야 하는지 의문이 생길 수 있다.

당시 세컨드라이프 측은 한국의 경우 성인 인증을 통해 청소년들의 이용을 막을 수 있다고 말했다. 하지만 기존 성인 온라인 게임처럼 청소년이 부모 등 다른 이의 주민등록번호를 도용해 성인 인증을 거치면 접근을 차단할 수 없는 문제가 드러나기도 했다.[15]

가상 세계의 법과 현실의 법

가상 세계를 다룬 세컨드 라이프가 큰 주목을 받은 것은 가상 세계에서 도박, 사기, 매춘 등 범죄가 발생하는데 현실 세계의 법질서를 가상 세계에도 똑같이 적용할 수 있느냐는 문제가 제기되었기 때문이다. 가상화폐의 현금화 문제도 만만치 않다. 한국은 '게임산업진흥에 관한 법률'로 가상화폐 환전이 불법으로 취급된다. 그런데 미국에서는 린든 달러(사이버머니) 등의 가상화폐를 미화로 환전할 수 있다.

여기에서 관건은 가상화폐를 정당한 노동의 대가로 얻은 부가가치로 인정할 수 있느냐이다. 다소 복잡하지만 현실 세계에서 옷과 같은 물건을 팔아 번 돈과 장물을 팔아서 번 돈은 구분된다. 합법적 자금과 불법적 자금으로 구분해 불법 자금은 환수하거나 이를 근거로 체포도 가능하다. 그런데 가상 세계 가입자가 아바타 의상을 디자인하고 판매해서 얻은 가상화폐와 사행성 게임을 통해 얻은 가상화폐를 똑같은 가치로 여긴다면 문제가 생긴다는 것이다.[16]

메타버스의 기술과 그것이 어떤 법적 의미를 가지는지에 대한 우려가 많은 것은 사실이다. 여성 아바타를 더듬는 문제부터 수백만 달러에 달하는 자산 매각에 이르기까지 메타버스에는 해결해야 할 문제가 많다. 메타버스는 인터넷 혁명의 시작에 불과

하며 메타버스 기술이 완전한 의미를 갖추기까지는 상당한 시간
이 필요하다. 학자들은 지금부터라도 메타버스의 기술이 데이터
보호 규범과 일치하도록 하는 데 적극적이어야 한다고 주장한
다. 메타버스의 기술이 법률의 설정 경계와 함께 진화해야 한다
는 뜻이다.

메타버스에서 가상의 삶이 점점 더 진화되고 복잡해질수록
더욱 다양한 유형의 범죄가 발생할 가능성이 점점 커질 것이다.
어떤 사람들은 메타버스에서 은행 강도가 되어 은행을 털고 경
찰을 피해 오토바이를 타고 질주하며 주차된 차를 부수고 도망
가는 게임을 즐기기도 한다. 이 사람은 단지 게임에서 나쁜 사람
이 되는 것을 즐길 뿐일 수도 있다.[17]

메타버스에서 범죄에 해당하는 것이 현실에서도 범죄인가
를 두고 보다 엄격한 개인정보 보호법과 데이터 보호법을 추진
해야 한다는 지적이 예전부터 제기되었다. 그러나 현실적으로
법은 기술의 발전 속도를 따라가지 못하며, 법관의 판단도 현실
세계와 다를 수 있다. 그렇다고 모든 것을 이익 창출을 목적으로
하는 개발회사에 맡긴다면 역효과는 불을 보듯 뻔하다.

메타에서는 '어리석은 거위'와 같이 간단하고 피해가 없어
보이는 용어를 사용하면 경고를 받을 수 있다. 메타는 참여자의
게시물을 모니터링한 뒤 과거에 여러 번 말했을 수도 있는 임의
의 것들에 대해 경고하고, 심지어 사용 금지까지 한다. 반면에 주

가상 세계에서 잘못된 행동을 하면 플랫폼에서 추방될 수 있다. 하지만 현실적으로는
처벌받은 사람들이 새로운 아바타를 만들고 다시 플레이하는 것을 막을 수가 없다.

변에 온갖 가짜 뉴스를 퍼뜨리고 섬뜩하고 혐오스러운 말을 하
며 독설을 하는 사람들인데도 그들을 경고하거나 제지하지 않는
다. 메타를 비롯한 대형 회사들이 옳고 도덕적인 것보다 이익을
우선시하기 때문이다.

물론 현재도 국가마다 인터넷과 관련한 법률이 존재하며,
관련 회사들은 참여자가 거주하는 '국가에 따라 규범과 법률을
따라야 한다'라고 명시하고 있다. 사실 이 자체는 메타버스 개발
자에게 상당한 압력 요소이다.

가상 세계에서 잘못된 행동을 하면 플랫폼에서 추방될 수
있다. 하지만 현실적으로는 처벌받은 사람들이 새로운 아바타를

만들고 다시 플레이하는 것을 막을 수가 없다. 이러한 문제 때문에 가상 범죄의 심각성이 증가함에도 범죄 행위를 하는 참여자들을 제재하기가 쉽지 않다. 사회의 도덕적, 법적 시스템이 이런 문제들을 따라잡을 필요가 있다.[18]

전문가들이 우려하는 것은 어떤 개인이 아무도 모르는 곳에서 혼자만의 비윤리적인 가상현실에 빠져 있다고 하더라도 그의 그릇된 행위가 다른 사람을 위험 상황으로 몰아넣을 수 있다는 것이다. 대표적인 경우가 포르노그래피이다. 성적 행위를 적나라하게 묘사하는 소설·영화·사진·그림 등의 포르노그래피가 특히 여성들에게 해를 가하는 것은 물론 성과 관련된 폭력적인 행위를 정당화하고 있다. 메타버스의 가상현실을 통해 포르노그래피를 제작하면 사회적으로 심각한 문제를 초래할 수 있다.

학자들은 가상현실 속에서 더욱 생생한 체험을 하면서 결과적으로 사람들은 더 폭력적이거나 더 극심한 성 혐오증에 시달릴 수도 있다고 주장한다. 게임이라는 명목하에 또 다른 부작용이 발생할 수 있고. 전쟁 상황을 더 생생하게 체험하면 영화 속의 람보 같은 또 다른 전쟁 피해자가 등장할 수도 있으며, 부작용으로 사회에 적응하지 못하는 상황에서 사회적 물의를 일으킬 가능성도 있다.

이런 윤리적인 문제를 해결하기 위해 가상현실에 대한 기준이 필요하다. 무엇보다 먼저 공상(fantasy)과 현실(reality)의 세계를 엄격히 구분해야 한다. 이 경계선이 무너지면 가상현실이 사회적으로 악영향을 미칠 가능성이 매우 크기 때문이다. 그래서 가상현실에 투입하는 개발 업체와 이를 감독하는 정부 사이에 가상현실의 허용 한계를 놓고 줄다리기가 계속되고 있다. 가능하면 더 많은 소프트웨어를 공급하려는 기업들과 윤리 문제를 우려하는 정부 사이에 논쟁이 이어지는 것이다. 당연히 정부 측에서는 어린 연령층에 악영향을 미칠 가능성을 우려한다.

메타버스가 제기하는 잠재적 위협에 학계 연구자, 메타버스 개발 관계자, 메타버스 보호 담당자 등 다양한 사람들과 조직의 관심이 필요하다. 사회에 위협을 가하려는 악의적인 의도를 가진 사람들에게 맞서 보다 창의적으로 대비해야 한다. 이 역시 인간이 해결해야 할 분야이다.

물론 메타버스에 대한 평가가 과장됐다는 시각도 있다. 사람들 대부분은 메타버스보다 현실의 경험을 더 바란다. 일부에서는 가상 세계가 현실보다 더 커질 수 없다고 말하기도 한다. 메타버스의 바람은 기술에 의지하는 삶을 원하는 소수의 바람일 뿐이라는 지적이다. 메타버스 개념이 너무 기초적이고 포괄적이라 마케팅 용어에 다름없다는 주장도 있다. 아직까지 메타버스에 대한 정의가 확실하게 내려지지 않았다는 자체가 그 증거라는 설명이다. 단순히 디지털 아바타가 온라인 세계에서 활동하는 것을 두고 메타버스라고까지 부르는 것은 과장됐다는 것이다.

메타버스를 비판하는 사람들이 가장 많이 지적하는 것은 이용자층이 대부분 10대에 편중돼 있다는 점이다. 대표적인 메타버스 서비스인 로블록스와 제페토의 이용자만 해도 10대가 60~70퍼센트를 차지한다. 더욱이 메타버스를 이용하는 상당수가 아직도 메타버스의 개념조차 모른다고 한다. 물론 이들이 점점 나이를 먹는다는 것은 별도로 하고 현재의 경우가 그렇다는 것이다.

기술적으로 가장 많이 지적되는 부분은 현재 메타버스 관련 기술이 기대에 미치지 못한다는 내용이다. 많은 사람이 동시에 접속할 정도로 기술이 발전했지만, 3차원 구현이 가능한 XR 기기가 대중화되지 못했고 2차원에 기반한 PC와 스마트폰으로는 현실과 구분되지 않을 정도의 사용자 경험을 제공하지 못한다는 것이다. 또한 VR 헤드셋 사용 등에 어지러움을 호소하는 사람도 적지 않아 이 문제가 해결되지 않는 한 구설수는 계속 등장하게 마련이다.

무엇보다 메타버스에 대한 가장 큰 치명타는 메타버스가 기존 게임이나 채팅과 비교해볼 때 더 나은 상호작용이나 몰입감을 제공하지 못한다는 점이다. 이는 아직 XR 기술이 초보적이라는 것에도 기인한다. 또한 메타버스가 완성되려면 단순히 초실감형 기술이 필요한 차원이 아니라 가상과 현실의 접목을 가능하게 만드는 디지털 트윈이나 인공지능, 두 세계를 연결하는 자체 경제 시스템(NFT) 구축까지 IT 전반의 기술을 끌어올려야 한다는 것도 걸림돌이다.

이러한 한계와 비판에도 머지않아 현실의 몰입감을 돕는 각종 기기가 보급돼 우리 일상 전반을 바꿀 차세대 메타버스가 등장할 것이라고 낙관하는 학자도 많다. 실제 애플, 구글, 메타 등 빅테크 기업들이 메타버스 신대륙 개척에 사활을 걸고 있으며, 한국도 네이버, 카카오, SK텔레콤, KT, LG유플러스, 컴투스, 넷마블, 슈퍼캣 등 기술 기업들이 메타버스 분야에 진출한다는 자체가 그 증거라는 뜻이다.[19]

미래학자 레이 커즈와일 박사는 자신의 저서 『특이점이 온다』에서 2020년대 후반이 되면 가상현실은 진짜 현실과 구분이 불가능할 정도로 정교해질 것으로 예측했다. 메타버스의 많은 기술적인 문제가 해소될 수 있다는 뜻이다.[20]

4장

가상현실이 인류에게 미치는 악영향은?

신기술이 등장할 때마다 사람들은 기대와 함께 신기술이 인간에게 어떤 문제를 일으키지는 않을지 우려한다. 메타버스에 그동안의 그 어떤 것보다 우려스러웠다. 가상현실과 인공지능 등이 인간을 지배하는 상황을 만들 수도 있다는 것이었다. 이 문제를 더 워쇼스키스가 감독한 〈매트릭스The Matrix〉 시리즈에서 상당히 심층적으로 다루었다.

영화 전문가들을 가장 곤혹스럽게 만든 영화가 〈매트릭스〉 시리즈라는 데는 많은 사람이 공감할 것이다. 1999년 3월 개봉한 이 영화는 전 세계적으로 흥행에 성공했는데, 세계의 석학 열일곱 명이 〈매트릭스〉가 제기한 철학적인 의문을 파고드는 책까지 발간했다는 사실로도 다른 영화와 얼마나 다른지를 보여준다.[21] 단순하게 보면 할리우드 액션 영화에 불과한 〈매트릭스〉에 세계의 지성들이 이처럼 관심을 표명한 것은 매우 이례적이다.

미디어 비평가 리드 머서 슈셔드는 〈매트릭스〉에 대해 '테크놀로지 사회가 완전히 실현된 단계에서 기계들이 창조해낸 인공적인 현실을 공유하는 집단적 환영'이라고 평했다.

'매트릭스'란 어머니의 자궁, 즉 모체를 뜻하는 라틴어 'mater'에서 나온 말이다. 내부에 있는 무엇 또는 그로부터 무엇인가가 기원, 발전, 형태를 만들어 나오는 것으로 정의된다. 영화에서는 컴퓨터 내의 가상 공간을 의미하는데, 메타버스와 상당한 연계를 보인다.[22]

영화 〈매트릭스〉에서 예상한 세계는 상당 부분 현실화가 됐다는 데에 중요성이 있다. 현대인들은 컴퓨터로 새로운 사회적 관계뿐 아니라 새로운 공간 사이버스페이스를 만들어낸다. 사이버스페이스는 우리가 익숙한 물리적 공간이 아니라 관념 속에 존재하는 장소이며 사회적으로 만들어지는 공간이다.

그동안 유즈넷, 전자 게시판, 온라인 서비스 등 다양한 형태의 CMCComputer mediated communication(컴퓨터 정보 공간)가 출현했다. 여기에서 더욱 업그레이드되어 스마트폰으로 소셜 네트워크 서비스SNS, 통화, 데이터 전송, 인터넷 검색, GPS 활용 등 각종 네트워크도 사이버스페이스에 이루어진다.[23] 이들 정보 소통은 인간의 감각 중에서 한정된 영역만 사용하며, 모든 당사자가 동시에 한곳에 모여 서로 얼굴을 맞대는 커뮤니케이션face-to-face과는 질적으로 다르다.

현실 세계와 구별되지 않는 공간적 이미지, 인간과 컴퓨터의 완벽한 인터페이스가 구현되면 현실과 사이버스페이스의 간격이 어느 정도로 확장될지는 가늠하기 어렵다. 미래의 더욱 발전된 정보화 세계를 적나라하게 보여준 것이 바로 〈매트릭스〉이다. 학자들이 특히 주목하는 것은 〈매트릭스〉가 앞에서 설명한 인공지능을 비롯해 미래에서 과학이 발달했을 때 일어날 수 있는 많은 부분을 담고 있기 때문이다. 〈매트릭스〉의 내용을 좀 더 상세하게 살펴보자.

2199년 인류가 드디어 AI를 탄생시키며 AI는 생존 본능에 따라 수많은 기계족을 탄생시킨다. 그런데 AI는 자신을 만들어 낸 인간의 충실한 종이기를 거부했고, 인류와 기계족의 끔찍한 전쟁이 벌어진다. 물론 인류는 반항하는 그들의 피조물을 무력화하기 위해 기계족의 에너지원인 태양 빛을 차단한다.

그러나 기계족의 반격은 인간들의 상상을 초월한다. 기계족은 인간들을 사로잡아 신체에서 발생하는 전기를 이용해 자신들의 삶을 유지한다. 인간은 달걀처럼 생긴 컨테이너에서 죽은 사람을 액화시킨 찌꺼기를 영양액으로 받아먹으면서 에너지를 생산해 기계들의 생명 연장을 위한 배터리로 사용된다.

인간의 뇌세포는 매트릭스라는 프로그램을 입력당해 평생 기계에 의해 설정된 가상현실을 살아간다. 그러므로 가상현실 속의 캐릭터들은 매트릭스의 에너지 공급 창고에 사로잡힌 인간들이다. 다시 말하면 이들 가상현실 속의 캐릭터의 원래 모습은 온몸에 호스가 꽂힌 채 에너지를 공급해주는 잠든 노예와 같은 존재로, 몸을 움직이거나 활동하는 것은 불가능하다. 가상현실 속에서 이들은 자신들의 실체를 전혀 의식하지 못하고 기계들의 세계에서 기계들에게 지배당하는 전력원에 불과하다. 지배당하는 인간이 의식을 차리면 인공지능 매트릭스와 연결이 끊어지면서 죽음을 맞는다(기계족의 전력원으로서 가치를 상실했다는 뜻).

영악한 기계족의 능력은 이뿐이 아니다. 기계족은 인간을 죽은 건전지처럼 방치하는 것이 아니라 그들의 의식을 효과적으로 통제해 컴퓨터로 유지되는 매트릭스라는 가상현실을 만들었다. 가상현실 속의 캐릭터들은 사실 매트릭스의 에너지 공급 창고에 사로잡힌 실제 인간들의 의식에 불과한데도 이들은 200년 전인 1999년 미국의 전형적인 대도시에 살고 있다고 착각한다.[24]

물론 인간들도 기계족에 대항할 인간 반란군들의 도시 시온을 건설해 기계족과 대응한다. 낮에는 평범한 사무직인 컴퓨터 프로그래머, 밤에는 인터넷 사이버 공간을 헤매는 해커인 주인공 네오가 인류를 구원할 메시아로 지목되어, 매트릭스에 대항하는 저항군 지도자 모피어스, 트리니티와 함께 인류를 구하는 일에 나선다. 매트릭스의 지배를 벗어날 수 있는 세 가지 조건을 세 사람이 나눠 갖고 있다. 모피어스는 믿음, 트리니티는 사랑,

네오는 희망을 갖고 있다.

컴퓨터로 만들어지는 미래

〈매트릭스〉가 시사하는 점은 인간의 기술 발전으로 탄생한 인공 지능 등의 기계들이 결국 그들을 만든 인간들에게 반항하고 세계는 암울한 미래를 향해 줄달음친다는 것이다. 이것이 〈매트릭스〉가 던져주는 기본적인 화두이다.

〈매트릭스〉는 아카데미 영화제에서 편집상, 시각효과상, 음향 편집상, 음향 믹싱상을 수상했다. 이 같은 기술상은 영화사상 여러 가지 획기적인 장면을 위해 매우 우수한 기술을 도입했기 때문이다. 비밀요원 스미스와 네오가 공중에서 싸우는 장면, 네오가 총알을 피하는 장면 등은 모두 특수효과의 결정판이다. 이 촬영 기법을 '플로우모Flow-Mo 기법'이라고 한다.

이런 장면을 촬영하기 위해 컴퓨터로 조종하는 120대의 카메라를 촬영 대상 주위에 360도로 빙 둘러 세워놓고 초고속으로 촬영한다. TV 드라마에서도 남녀 주인공의 키스 신을 찍을 때 자주 사용된다. 카메라 한 대가 1초에 100프레임을 찍으므로 전체적으로 1초에 1만 2000프레임을 찍는다. 이렇게 각각의 각도에서 찍은 순간 영상을 컴퓨터로 합성해 마치 동작이 정지된 상황에서 카메라가 그 주변을 빙 돌아가는 듯한 느낌이 들게 한다. 알려지기로는 이 특수촬영에만 2000만 달러가 들었다고 한다.[25]

〈매트릭스 2:리로이드〉에서는 가상 세계인 매트릭스에서 벗어나기 위해 주인공인 네오가 겹겹이 싸인 문을 열고 매트릭스를 만든 소스 프로그램, 즉 근원과 대면해야 한다고 말한다. 그러나 천신만고 끝에 '선택받은 자'인 네오가 근원에 도달하자 네오 역시 매트릭스가 예측한 프로그램의 일부라는 충격적인 상황에 직면한다. 자신이 잘생기고 능력 있는 소프트웨어 프로그래머라는 점을 의심해본 적도 없지만 현실은 냉혹하다. 그는 부처님 손바닥 안의 손오공처럼 미래가 이미 정해졌다는 불유쾌한 메시지를 전달받은 것이다.

그는 정장은커녕 옷을 입어본 적도 없고 빗어 넘길 만한 머리털을 길러본 적도 없다. 눈을 떠본 적도 음식을 먹어본 적도 없이 기계족의 생존을 위해 에너지 공장에서 온몸에 호스가 박혀 캡슐에 갇힌 채 옴짝달싹하지 못하는 평범한 인간에 불과하다. 그렇지만 네오는 자신을 잘나가는 컴퓨터 프로그래머로 인식한다. 물론 그가 인류를 구할 메시아임을 감지한 모피어스는 인류가 처한 진실을 이야기해주고 그에게 특수훈련을 시켜 매트릭스에 대항할 힘을 길러준다.[26]

〈매트릭스 3:레볼루션〉은 진실을 찾는 여정에 한 걸음 더 접근하게 된 네오가 '사랑이냐, 인류의 구원이냐!'라는 불가능에 가까운 선택을 강요받는다. 둘 중 하나는 포기해야 한다. 한편 기계들이 인간 말살을 목적으로 인류 최후의 보루 시온으로 침공해오자 인간들은 인류의 미래를 지키기 위해 필사적인 전투를 벌이며 일찍이 그 어느 인간도 가본 적이 없는 세계, 즉 기계 도시의 심장부로 잠입한다. 그곳에서 기계 세상의 절대 권력자 데우스 엑스 마키나를 만난다.

〈매트릭스〉의 내용은 매우 복잡하고 철학적인 면이 담겨 이해하기 어렵다고 하지만, 작가는 교묘하게 인간이 기계족에 대항할 특단의 조치가 있다는 것을 암묵적으로 제시한다.

우선 가상현실을 〈매트릭스〉에서처럼 현실 세계와 구별이 안 될 정도로 구현하는 게 과연 가능할까에 초점을 맞춘다. 가상현실은 사용자에게 센서를 통해 현실 세계에서처럼 보고, 듣고, 만지는 등의 오감을 느끼도록 해 가상 세계에 몰입하게 만들어줌으로써 현실 세계에 존재하는 듯한 느낌을 주는 기술이다.

그러나 이런 기술이 아무리 발전한다고 해도 현재와 같은 방식의 가상현실 기술로 몰입감을 느끼는 데는 한계가 있을 수밖에 없다. 인터페이스 장치를 이용한 간접경험이 기본이기 때문이다. 물론 앞으로 과학이 발전하면 지금처럼 불편한 인터페이스 장치를 착용하지 않고 가상현실 시스템을 바로 뇌의 감각 기관과 연결해 말 그대로 현실과 구별할 수 없는 완전 몰입형 가

상현실이 구현될 수 있다는 주장도 있다.[27]

그러나 〈매트릭스〉가 현실 세계에서 절대로 일어날 수 없음을 보여주는 오류를 보자. 우선 〈매트릭스〉는 매트릭스의 대전제부터 문제를 제기한다. 매트릭스 세계에서는 태양 에너지를 활용하지 않고 인공지능 컴퓨터를 작동하기 위해 인간이 내는 열을 전기 에너지로 바꿔 동력원으로 사용한다. 화력발전소가 열을 전기로 바꾸는 장치이므로 인간의 열을 전기로 바꾼다는 설정은 전혀 문제가 없다.

영화의 배경인 2199년 지구의 인구를 100억 명으로 가정하면, 일반 성인은 하루에 2400~2500킬로칼로리 정도의 에너지를 섭취한다. 그리고 섭취한 열량의 60퍼센트인 1440킬로칼로리의 열량을 몸 밖으로 발산한다. 체중이 60킬로그램인 성인의 몸에 비축된 열량은 대략 8만 5500킬로칼로리 정도인데, 이를 한 사람당 하루 열량 1440으로 나누면 대략 60명이 사용할 수 있는 열량이 된다. 사람 한 명이 죽으면 60명에게 에너지를 공급할 수 있다는 이야기이다.[28]

매트릭스를 탈출한 네오와 모피어스는 제거 대상이 되어 쫓기는 신세가 되고, 결국 네오는 총알 세례를 받고 죽는다. 그러자 트리니티가 "넌 죽을 수 없어. 내가 널 사랑하니까"라고 말하면서 키스하자 약 3초 만에 살아난다. 네오가 죽었다가 부활하는데 이 장면은 현실 세계에서 절대 일어날 수 없다. 그러나 이 장면은 〈매트릭스〉에서 현실 세계와 가상 세계를 연결해주는 그 어떤 통로가 있다는 것을 의미한다.

결론을 말하자면 〈매트릭스〉에 결정적인 문제점이 있다는 뜻이다. 원래 〈매트릭스〉의 기본은 전송률이 매우 높은 매트릭스 내의 일반 회선 프로그램을 해킹해 이 루트를 통해 인간들의 의식을 주입하거나 빼내는 것이다.[29] 인간을 지배하기 위해 통신망을 이용한다는 것은 인간의 미래는 IT에 의존할 수밖에 없다는 것을 의미한다. 그러므로 매트릭스를 해결할 실마리는 엉뚱하면서도 해학적이다. 〈매트릭스〉 영화 자체로만 국한한다면 일반 전화의 시스템을 바꾸거나 보다 근원적인 방법으로 전화 코드를 빼놓는 것이다.

전화 코드를 빼놓는다는 것은 인간이 IT를 포기한다는 의미로도 생각할 수 있지만, 〈매트릭스〉가 황당한 결론을 유도한다는 데는 공감한다. 물론 많은 학자가 그러한 사태는 오지 않는다고 장담하지만, 메타버스가 남다른 인간의 미래를 보여줄 수 있다는 데 중요성이 있다.

특히 인간의 두뇌가 파충류 등을 거쳐 진화해왔듯이 지금의 반도체 칩에서 DNA로 컴퓨터를 만드는 생체컴퓨터로 진화하면 자의식을 가지는 인공지능 컴퓨터가 등장할 것이라고 주장하는 사람도 있다. 그럼에도 과학자들은 인공지능 컴퓨터, 매트릭스가 인간을 배터리화할 것이라는 생각에는 수긍하지 않는다. 인공지능이 정말로 똑똑하게 개발돼, 즉 생체컴퓨터를 개발하더라도 인간 에너지 공장보다 더 좋은 전기 저장, 생산 방법이 등장할 것으로 예상하기 때문이다.[30]

에필로그

메타버스에 대한 확실한 정의가 아직도 정확하게 제시되지 않았다고 말하지만, 일반적으로 모바일 광대역에 연결된 가상현실 헤드셋을 통해 사람들이 상호 작용하고 게임하고 일하고 쇼핑할 수 있는 몰입형 디지털 환경의 네트워크로 설명한다. 헤드셋이라는 장비를 사용해야 함에도 메타버스는 현재 지구촌에서 전방위적으로 활용되고 있다. 그만큼 현실 세계에서 메타버스가 활성화될 필요충분조건이 갖춰졌기 때문이다.

고속, 저속 모바일 연결 외에도 메타버스의 특정 기술은 현실의 물리적 세계와 디지털 세계의 융합과 함께 메타버스의 중심으로 움직이고 있다. 여기에는 가상현실, 증강현실, 혼합현실, 웨어러블, 아바타, 인공지능, 블록체인 기반 대체 불가능한 토큰(NFT) 등 수많은 첨단 기술을 포함한다.

학자들은 이렇게 많은 사람이 사용할 수 있는 번창하는 메타버스의 개발에 여러 가지로 고민해야 할 장벽이 있다고 주장한다. 무엇보다 아동 등 취약 집단에 큰 영향을 미칠 학대, 따돌림, 괴롭힘 같은 문제가 주요 과제이다. 사이버 보안, 데이터 개인정보 보호, 허위 정보와 관련된 문제도 심화될 수 있으며, 이에 잘 대처하기 위해서는 목적에 맞는 디지털 규제와 감독 메커니즘이 필요하다. 메타버스를 향한 경쟁이 치열해짐에 따라 참여자를 피해로부터 보호하면서 야망을 현실로 만드는 데 도움이 되는 적절한 정책을 수립해야 한다.

메타버스의 미래를 예측해 개발 운영자들이 잠재적 기회를 식별하고, 콘텐츠 제작자와 협력하고, 하드웨어 회사와 파트너 관계를 맺어 참여자와 기업 시장의 활성화에 매진하는 것은 자연스러운 일이다. 학자들은 5G 네트워크 배치에 대한 모바일 사업자의 지속적인 투자를 촉진하고, 공정한 경쟁을 보장하는 것은 물론 규제 프레임워크를 도출해 데이터 개인정보 보호, 안전 및 보안과 관련된 우려를 해소해야 한다고 주장한다. 이 말은 달리 보면 메타버스의 미래가 매우 밝다는 것을 암시한다.

4차 산업혁명에 들어선 지금 메타버스가 앞으로 우리에게 어떻게 다가올지 상상하는 것으로도 즐겁다. 현대과학이 어떻게 변하는지를 볼 수 있는 기회가 되기 때문이다.

주

〈 1부 : 메타버스 하나, 둘, 셋 〉

1) 자오궈둥·이환환·쉬위엔중, 정주은 옮김, 『디지털 신세계 메타버스를 선점하라』, 미디
어숲, 2022.
2) 최재붕, 「[최재붕의 메타버스 이야기] 메타버스는 미래를 여는 열쇠다」, 『조선일보』,
2022년 9월19일.
3) 닐 스티븐슨, 남명성 옮김, 『스노 크래시 1·2』, 문학세계사, 2021.
4) 닐 스티븐슨, '[SDF2021] 새로운 현실 세계에서 메타버스를 다시 생각하다', 유튜브
〈SBS D포럼〉, 2021년 11월 18일.
5) 김상균·신병호, 『메타버스 새로운 기회』, 베가북스, 2021.
6) '레디 플레이어 원', 나무위키, 2024년 1월 8일.
7) 김상균, 『메타버스』, 플랜비디자인, 2020.
8) 최재붕, 「[최재붕의 메타버스 이야기] 메타버스는 미래를 여는 열쇠다」, 『조선일보』,
2022년 9월 19일.
9) 〈메타버스 2022 대예측〉, 매일경제 온라인 세미나, 2022년 1월 26일.
10) 송재룡, 「메타버스(metaverse)의 확산과 시뮬라시옹 문화의 극대화」, 경희대학교 국제
캠퍼스 중앙도서관, 『Library Newsletter』 vol.147, 2021년 11월 1일.
11) 김상균·신병호, 『메타버스 새로운 기회』, 베가북스, 2021.
12) 김상균, 『메타버스』, 플랜비디자인, 2020.
13) 심재우·안유미·박성호, 『메타버스 미래학교』, 진한엠앤비, 2022.
14) 김나리, 「메타버스 얼라이언스 출범」, 『아시아투데이』, 2021년 5월 18일.
15) 서민준, 「[진격의 메타버스] 10년 안에 가상·현실 경계 사라진다」, 『한국경제』, 2021
년 9월 8일.
16) 「메타버스 4가지 유형에 대한 정의와 관련 기업들」, 티스토리 '데이터와 문제해결',
https://problem-solving.tistory.com/14
17) 문미옥, 「가상과 현실의 경계를 넘어」, 과학기술정책연구원, 『Future Horizon+』, 2021
년 제1·2호(Vol. 49).

18) 윤선훈, 「'메타버스 기업' 선언한 카카오… '새로운 땅' 어떤 모습일까 [메타버스24]」, 『아이뉴스24』, 2022년 1월 25일.

19) 고선영·정한균·김종인·신용태, 「메타버스의 개념과 발전 방향」, 한국정보처리학회, 『정보처리학회지』 제28권 제1호, 2021.

20) 자오궈둥·이환환·쉬위엔중, 정주은 옮김, 『디지털 신세계 메타버스를 선점하라』, 미디어숲, 2022.

21) 이진영, 「[메타버스 시대①] 현실 융합 가상 세계…대세일까 거품일까」, 『뉴시스』, 2022년 1월 1일.

22) 심재우·안유미·박성호, 『메타버스 미래학교』, 진한엠앤비, 2022.

23) 자오궈둥·이환환·쉬위엔중, 정주은 옮김, 『디지털 신세계 메타버스를 선점하라』, 미디어숲, 2022.

24) 윤진욱, 「코로나19로 시작된 비대면, 그 끝은?」, 『사이드뷰』, 2020년 8월 8일.
「언택트의 조상, 이커머스(e-commerce)」·「배달 커머스, 배달을 지배하는 자 유통을 지배한다」·「비대면 금융, 금융회사 지점이 사라진다」, 전국투자자교육협의회 홈페이지.
음재훈, 「[음재훈의 실리콘밸리 인사이더] 코로나로 10년 이상 빨라진 '디지털 아메리카'」, 『조선일보』, 2020년 9월 8일.

25) 이승환, '세상을 바꾸는 게임체인저, 메타버스!', 유튜브 〈매일경제tv〉, 2021년 12월 16일.

26) 심재우·안유미·박성호, 『메타버스 미래학교』, 진한엠앤비, 2022.

27) 심재우·안유미·박성호, 『메타버스 미래학교』, 진한엠앤비, 2022.

28) 자오궈둥·이환환·쉬위엔중, 정주은 옮김, 『디지털 신세계 메타버스를 선점하라』, 미디어숲, 2022.

29) 김진수, 'AI와 메타버스가 만나다', 유튜브 대덕특구 SPACE-S 〈2021 SPACE-S 특별 세미나〉, 2021년 11월 19일.

30) 이병권, 「가상현실(VR) 개발을 위한 가상현실 플랫폼 API 연구」, 『한국컴퓨터정보학회 논문지』 제25권 제8호(통권 제197호), 2020.

〈 2부 : 메타버스 풀어보기 〉

1) 남영주, 「안전도를 이용한 가상현실 헤드셋의 입력 시스템 구현」, 한국콘텐츠학회 『한국 콘텐츠학회논문지』 제16권 26호, 2016.

2) 김익재, 「가상현실 기술동향」, 한국방송·미디어공학회, 『방송과 미디어』 21권 2호, 2016.

3) 류한석, 「가상현실(VR) 시장의 전망과 시사점」, 『광학세계』 Serial No.156, 2015.

4) 박강래, 「체험형가상현실 게임개발」, 『한국게임학회논문지』 제16권 제4호, 2016.

5) 박상우·전빈·조재원·신주영·조준동·배병철, 「휴대 가능한 접이식 핸드폰 케이스 형태의 머리에 쓰는 가상현실 기기(HMD)」, 『한국디자인학회 학술발표대회 논문집』, 2014년 11월.

6) 김상균·신병호, 『메타버스 새로운 기회』, 베가북스, 2021.
한호성·이제민, 「가상현실 게임에 의한 요추 골절」, 『대한척추외과학회지』 제27권 제4호, 2020.

7) '아바타', 위키백과.

8) '아바타', 나무위키.

9) 이성표, 「영화 '아바타'의 파급효과」, KDI 경제정보센터, 『클릭 경제교육』 통권79호, 2010년 3월.

10) 김영익, 「기술수용 모형을 적용한 품질기능전개 기반 혼합현실 기술요인 연구」, 제주대학교 경영대학원 석사학위 논문, 2021.

11) '아바타 매핑 탭', 유니티(Unity) 사용자 매뉴얼 2020년 3월. https://docs.unity3d.com/kr/2020.3/Manual/class-Avatar.html

12) 'NFT', 나무위키.

13) 박상욱, '메타버스에서 길을 찾다', 유튜브 강원창조경제혁신센터 〈강원스타트업포럼〉, 2021년 6월 17일.

14) 정지훈, '메타버스로 진화하는 IT의 역사', 유튜브 포항MBC 〈사색의공동체 스미다〉, 2021년 6월 22일.

15) 박상욱, '메타버스에서 길을 찾다', 유튜브 강원창조경제혁신센터 〈강원스타트업포럼〉, 2021년 6월 17일.

16) 「NFT가 메타버스에 필요한 이유」, AHLab. 2021.04.11 (출처 확인해주세요. 검색해도 안 나오네요.)

17) 김민수, '메타버스와 암호화폐 및 NFT 투자', 유튜브 한경닷컴 〈한경 디지털 ABCD 포럼〉, 2021년 11월 5일.

18) 이장우, '미래자산 NFT, 현황과 전망', 유튜브 딜사이트 〈팍스넷뉴스 블록체인 포럼〉, 2021년 9월 10일.

19) 김정삼, '메타버스 새로운 플랫폼의 부상과 대응 방향', 유튜브 한국법제연구원 〈2021 규제혁신법제포럼(RILF) 제9차〉 기조발제, 2021년 7월 13일.

20) 장영두, '금융권이 바라본 메타버스', EBN 유튜브 〈제5회 EBN 글로벌 혁신성장 포럼〉, 신한은행 디지털 전략부, 2021년 12월 12일.

21) 이승민, '가상 융합기술의 활용 영역별 법적 쟁점', 유튜브 한국법제연구원 〈2021 규제혁신법제포럼(RILF) 제9차〉, 2021년 7월 13일.

〈 3부 : 메타버스의 활용 〉

1) 박주연, 「메타버스로 새로운 세상이 열린다」, 현대건설 Hyundai E&C Newsroom, 2022년 4월 20일.
2) 임종수, 「현실-가상 세계 컨버전스 시대의 삶의 양식」, 사이버커뮤니케이션학회, 『사이버 커뮤니케이션 학보』 제28권 2호, 2011.
3) 한혜경·김주희, 「현실 공간과 가상 공간의 자아정체감이 게임중독과 현실부적응감에 미치는 영향」, 한국언론정보학회, 『한국언론정보학보』 제37권 1호, 2007.
4) 이현직·김윤호, 「실세계 제어를 위한 가상현실 구현」, 한국정보기술학회 하계종합학술 대학생 논문 경진대회 논문집, 2011.
5) 김정환, 「실시간 상호작용 기술의 '가상현실치료' 적용에 관한 연구」, 한국만화애니메이션학회, 『만화애니메이션연구』 통권 제22호, 2011년
6) 라도삼, 「가상 공간의 전경과 삶의 단편들: '리니지'를 중심으로」, 한국언론정보학회, 『한국언론정보학보』 통권 14호, 2000.
7) 김도균, 'XR디바이스 및 산업전망', 유튜브 KEA XR산업센터, 2021년 5월 18일.
8) 박미영, 「디지털 신대륙, 메타버스로 도약하는 대한민국」, 『보안뉴스』, 2022년 1월 21일.
9) 김성현, 「네이버는 '제페토'·카카오는 '공동체'… 메타버스 힘준다」, 『지디넷코리아』, 2021년 11월 15일.
10) 권오상, 「메타버스 생태계를 위한 정책과제」, 웹진 『기술과 혁신』 3/4월호, 2022년
11) 신동근, 「동작구 "올해 마을공동체 한마당, 메타버스서 열어요"」, 『아주경제』, 2021년 1월 27일.

〈 4부 : 메타버스가 만드는 미래 〉

1) 김수경, 「페이스북이 꿈꾸는 새로운 세상 '메타', 사명 변경 후 메타버스에 탑승하다」, 『브랜드브리프』, 2021년 11월 3일.
2) 이충환, 「메타버스 플랫폼과 미래 전망」, 한국여성과학기술인육성재단 W브릿지, 2022년 3월 16일
3) 김청한, 「"메타버스, 노는 공간 넘어 미래 제시해야"」, 『사이언스타임즈』, 2021년 8월 9일.
4) 김현정, 「새로운 미래 공간이 된 '메타버스'」, 『사이언스타임즈』, 2021년 3월 31일.
5) 김상균, 『메타버스』, 플랜비디자인, 2020.
6) 김상균·신병호, 『메타버스 새로운 기회』, 베가북스, 2021.
7) 김상균·신병호, 『메타버스 새로운 기회』, 베가북스, 2021.
8) 김지혜, 「메타버스 시대, 꼭 알아야 할 AI 활용법」, 『사이언스타임즈』, 2021년 9월 6일.
9) 박진영, 「[IT돋보기] AI 기업도 메타버스에 꽂혔다」, 『아이뉴스』, 2021년 11월 14일.

10) 이하나, 「"AI로 그린 세상" 메타버스 구현 시 사용가능한 AI 기술은」, 『AI타임스』, 2021년 12월 17일.

11) 최창현, 「인공지능과 더불어 우리에게 다가오는 메타버스의 새로운 기회는 무엇인가?」, 『인공지능신문』, 2022년 2월 12일

12) 방준성, 「메타버스 서비스 확대를 위한 인공지능 기술의 활용」, 한국통신학회지 『정보와 통신』 제39권 제2호, 2022.

13) 박진영, 「[IT 돋보기] AI 기업도 메타버스에 꽂혔다」, 『아이뉴스24』, 2021년 11월 24일.

14) 박종오 「서비스 로봇 빅4」, 『과학동아』, 1997년 1월호.
　　이인식, 『나는 멋진 로봇 친구가 좋다』, 이인식, 랜덤하우스중앙, 2005.

15) 조 슈워츠, 이은경 옮김, 『장난꾸러기 돼지들의 화학피크닉』, 바다출판사, 2002.
　　김동훈, 『여간내기의 영화교실』, 해들누리, 2002.
　　김진우, 『하이테크 시대의 SF 영화』, 한나래, 1995.
　　이인식 · 박이문, 『인문학자, 과학기술을 탐하다』, 고즈윈, 2011.
　　이필렬, 『영화로 과학 읽기』, 지식의 날개, 2006.
　　미치오 가쿠, 박병철 옮김, 『불가능은 없다』, 김영사, 2010.
　　권홍우, 『부의 역사』, 인물과사상사, 2008.
　　김문상, 『로봇 이야기』, 살림, 2005.
　　로드니 A. 브룩스, 박우석 옮김, 『로드니 브룩스의 로봇 만들기』, 바다출판사, 2005.
　　배일한, 『인터넷 다음은 로봇이다』, 동아시아, 2003.
　　김수병, 『사람을 위한 과학』, 동아시아, 2005.
　　제갈량편집팀, 허유영 옮김, 『제갈량 문화 유산 답사기』, 에버리치홀딩스, 2007.
　　박종오, 『서비스로봇 빅4』, 『과학동아』, 1997년 1월호.
　　이인식, 『나는 멋진 로봇 친구가 좋다』, 랜덤하우스중앙, 2005.
　　홍상훈, 『하늘을 나는 수레』, 솔, 2003.
　　이종호, 『과학 삼국유사』, 동아시아, 2011.

16) 배일한, 『인터넷 다음은 로봇이다』, 동아시아, 2003.
　　이인식, 『나는 멋진 로봇 친구가 좋다』, 랜덤하우스중앙, 2005.
　　수 넬슨 · 리처드 홀링엄, 이충호 옮김, 『판타스틱 사이언스』, 웅진닷컴, 2005.

17) 배일한, 『인터넷 다음은 로봇이다』, 동아시아, 2003.

18) 에릭 뉴트, 박정미 옮김, 『미래 속으로』, 이끌리오, 2001.

19) 미치오 가쿠, 박병철 옮김, 『불가능은 없다』, 김영사, 2010.

20) 김문상, 『로봇 이야기』, 살림, 2005.

21) 김진우, 『하이테크 시대의 SF 영화』, 한나래, 1995.

22) 배일한, 『인터넷 다음은 로봇이다』, 동아시아, 2003.

23) 김익상, 『영화 이렇게 보면 두 배로 재미있다』, 들녘, 1993.

24) 현원복, 『미리 가 본 21세기』, 겸지사, 1997.

25) 케빈 워릭, 한국과학기술원 시스템제어연구실 옮김, 「로봇의 행진」, 한승, 1999.

26) 서울대학교자연과학대학교수 31인, 『21세기와 자연과학』, 사계절, 1994.

27) 에릭 뉴트, 박정미 옮김, 『미래 속으로』, 이끌리오, 2001

28) 미치오 가쿠, 박병철 옮김, 『불가능은 없다』, 김영사, 2010.
　　신성원, 『세계 영화 명작』, 아름출판사, 1993.

29) 에릭 뉴트, 박정미 옮김, 『미래 속으로』, 이끌리오, 2001.

30) 미치오 가쿠, 박병철 옮김, 『불가능은 없다』, 김영사, 2010.

31) 정호진, 「3차원 뇌 지도 그린다」, 『뇌』, 2003년 6월호.
　　정재승, 『물리학자는 영화에서 과학을 본다』, 동아시아, 2002.

32) 나탈리 앤져, 「동물도 자살한다」, 『과학동아』, 1994년 9월호.
　　김수일, 「동물사회의 지도자 그 카리스마의 비결」, 『과학동아』, 1997년 11월호.
　　장대익, 「이타적 행동의 진화 메커니즘 규명」, 한국과학기술단체총연합회, 『과학과기술』, 2004년 1월.

33) 김명원, 「추론: 주인 취향 맞춰 비서 노릇 척척」, 『과학동아』, 2000년 6월호.

34) 박병철, 『영화 속의 철학』, 서광사, 2001.

35) 보일 스님, 「AI는 수행할 수 있고 깨달을 수 있는가?」, 『불교문화』, 2022년 5월호.
　　이한수, 「생각 송수신 장치로 의사소통 세계 단일통화 출현」, 『조선일보』, 2012년 1월 17일.
　　이희경, 「인간 생각 읽는 로봇 개발… 뇌파로 조종 '성큼'」, 『세계일보』, 2017년 3월 7일.

36) 김상균·신병호, 『메타버스 새로운 기회』, 베가북스, 2021.

37) 정재천·전순기, 「메타버스(Metaverse) 기반 플랫폼의 교육적 활용 가능성 탐색」, 2021 한국정보교육학회 하계 학술대회.

38) 한국교육학술정보원, 『메타버스의 교육적 활용: 가능성과 한계』, 2021.

39) 박진영, 「교육에도 메타버스 입힌다」, 『아이뉴스』, 2022년 3월 21일.

40) 안호천, 「교육 분야부터 열리는 메타버스」, 『전자신문』, 2021년 4월 23일.

41) 장혜승, 「메타버스의 교육적 활용의 가능성」, 한국교육개발원, 『이슈분석』 209호, 2022.

42) 황두열, 「가상 세계·메타버스가 뭐지?…울산 강북교육청, '메타버스 이해하기 학부모 교육' 운영」, 『아시아경제』, 2022년 4월 19일.

43) 「메타버스가 미래 교육에서 활용될 수 있는 방법은?」, 교육부 공식 블로그, 2021년 11월 13일.

44) 이윤희, 「스탠포드 연구진, 가상현실 기술로 공감 능력 증진에 성공」, 『AI타임스』, 2019년 4월 8일.

45) 김준호, 「비대면 교육을 위한 메타버스 구축 및 활용 사례에 대한 연구」, 국제문화기술

진흥원, 「문화기술의 융합」, 2022년 8권 1호,

46) 김동환, 「메타버스 시대의 경제와 빈부격차」, 「월간 참여사회」 2022년 1·2월호.

47) 김동환, 「메타버스 시대의 경제와 빈부격차, 그리고 그림자」, 「오마이뉴스」, 2022년 1월 17일.

48) 김규백, 「메타버스, 시니어 플랫폼으로 가능할까?」, 「브라보 마이 라이프」, 2021년 8월 6일.

49) 김민철, 「노인·어르신·고령자? 뭐라 불러야 좋을까요」, 「조선일보」, 2020년 1월 15일.

50) 정헌수, 「10개월 새 100세 노인 1.4만 명이 사라졌다」, 「머니투데이」, 2022년 1월 13일.

51) 조면균, 「고령자를 위한 메타버스기반의 Smart Aging 시스템의 연구」, 한국디지털정책학회, 「디지털융합연구」 20권 2호, 2020.

52) 이정미, 「메타버스와 인지신경과학」, 유튜브 가상융합경제 활성화 포럼 기술분과 3차 세미나, 유튜브 가상융합경제 활성화 포럼, 2021년 11월 12일.

53) 이종화, 「온도·향기·감촉까지 생생하게…차원 다른 '리얼 메타버스'가 온다」, 「매일경제」, 2021년 7월 30일.

54) 이하나, 「메타버스에서 촉각, 후각, 미각도 경험한다고?」, 「AI타임스」, 2021년 8월 17일.

55) 조성호, 「반려동물 메타버스 나온다」, 「전자신문」, 2021년 12월 12일.

56) '동물 학대', 나무위키.

57) 「애니펜-빅오션이엔엠, 반려동물 라이프 스타일 메타버스 구축 MOU 체결」, 애니펜 홈페이지, 2022년 5월 30일.

〈 5부 : 메타버스의 부작용과 대책 〉

1) 정현섭, 「메타버스의 부작용은 무엇일까?」, 「사이언스타임즈」, 2021년 12월 7일.

2) 서민준, 「진격의 메타버스…"10년 안에 가상·현실 경계 사라진다"」, 「한국경제」, 2021년 9월 8일.

3) 「메타버스 한계와 부작용, 스파클렉티브」, 블로그, 2022

4) 「메타버스의 문제점? 부작용? 반드시 알아둬야 할 사항」, 가코루, 블로그, 2022

5) 「메타버스의 전망과 부작용」, 티스토리 블로그 '아이와 함께 하는 세상', 2022년 4월 4일.

6) 「메타버스 관련 범죄와 부작용」, 티스토리 블로그 '재밌는 트렌드', 2022년 1월 28일.

7) 유수현, 「급성장 '메타버스', 부작용도 대비해야」, 「이뉴스투데이」, 2021년 8월 23일.

8) 「가상현실(VR) 접목한 정신건강 헬스케어 주목」, 「EMD 메디컬뉴스」, 2018년 8월 24일.

9) 김동훈, 「가상 세계에 편중된 메타버스, 현실 도피 위험 크다」, 「중앙일보」, 2022년 5월 21일.

10) 이지현, 「VR/AR 기반의 의료, 보건 산업 발전 동향」, 한국보건사회연구원, 「국제사회보장리뷰」 통권 제11호(2019년 겨울호).

11) 황운하, 「"우울·불안·스트레스 VR로 완화시켜"」, 『힐팁』, 2018년 5월 10일.

12) 박민식, 「'가상현실'이 끔찍한 과거 잊게 해줄까?」, 『메디게이트뉴스』, 2022년 4월 23일.

13) 김상균, 『메타버스』, 플랜비디자인, 2020.

14) 남완우·송혜진, 「메타버스 내 범죄 발생 유형과 확장성에 관한 연구」, 『한국재난정보학회 논문집』 18권 제1호, 2022.

15) '세컨드 라이프', 나무위키.
    김동훈, 「가상 세계에 편중된 메타버스, 현실 도피 위험 크다」, 『중앙일보』, 2022년 5월 21일.

16) '메타버스', 위키백과.

17) 조재현, 「자녀들 뛰노는 메타버스에 드리운 '성범죄' 그림자」, 『뉴스원』, 2022년 4월 18일.

18) 정두원, 「안전한 메타버스를 위한 대책이 필요하다」, 『내일신문』, 2022년 4월 14일

19) 이진영, 「[메타버스 시대 ①] 현실 융합 가상 세계…대세일까 거품일까」, 『뉴시스』, 2022년 1월 1일.
    오동혁, 「[메타버스 시대 ②] 플랫폼 선점 경쟁…ICT 기업 인수·협업 활발」, 『뉴시스』, 2022년 1월 1일.

20) 레이 커즈와일, 장시형·김명남 옮김, 『특이점이 온다』, 김영사, 2007.

21) 슬라보예 지젝·윌리엄 어윈, 이운경 옮김, 『매트릭스로 철학하기』, 한문화, 2003.

22) 정재승, 『물리학자는 영화에서 과학을 본다』, 동아시아, 2002.
    서인숙, 『씨네 페미니즘의 이론과 비평』, 책과길, 2003.

23) 이인식 외 17명, 『현대과학의 쟁점』, 김영사, 2001.

24) 박병철, 『영화 속의 철학』, 서광사, 2001.
    한국과학문화재단, 『교양으로 읽는 과학의 모든 것』, 미래M&B, 2006.

25) 『과학 교과서, 영화에 딴지 걸다』, 이재진, 푸른숲, 2004

26) 박병철, 『영화 속의 철학』, 서광사, 2001.

27) 양현승, 「영화 매트릭스의 세계 실현 가능할까」, 『과학동아』, 2003년 7월호.
    존 플라이슈만 외, 최성범 외 옮김, 『과학이 몰랐던 과학』, 들린아침, 2004.

28) 이재진, 『과학 교과서, 영화에 딴지를 걸다』, 푸른숲, 2004.

29) 한국과학문화재단, 『교양으로 읽는 과학의 모든 것』, 미래M&B, 2006.

30) 임원철, 「[임원철의 맛있는 과학] 영화 속 명장면, 실현 가능할까? (4) 반지의 제왕과 매트릭스」, 『부산일보』, 2012년 2월 10일.

청소년이 꼭 알아야 할
메타버스 이야기
© 이종호·조성호, 2024

초판 1쇄 2024년 3월 11일 찍음
초판 1쇄 2024년 3월 27일 펴냄

지은이 | 이종호·조성호
펴낸이 | 이태준

인쇄·제본 | 지경사문화

펴낸곳 | 북카라반
출판등록 | 제17-332호 2002년 10월 18일

주소 | (04037) 서울시 마포구 양화로7길 6-16 서교제일빌딩 3층
전화 | 02-486-0385
팩스 | 02-474-1413

ISBN 979-11-6005-131-5 43300
값 18,000원

북카라반은 도서출판 문화유람의 브랜드입니다.
저작물의 내용을 쓰고자 할 때는 저작자와 북카라반의 허락을 받아야 합니다.
파손된 책은 바꾸어 드립니다.